攸步·楊平著

夏日的雕塑

文史哲詩叢

文史哲出版社印行

夏日的雙重奏 / 攸步，楊平著. -- 初版 -- 臺北市：文史哲，民 107.04
頁；　公分（文史哲詩叢；136）
ISBN 978-986-314-408-3（平裝）

851.486　　　　107006720

文史哲詩叢 136

夏日的雙重奏

著　者：攸步・楊平著
出版者：文史哲出版社
http:// www.lapen.com.tw
e-mail：lapen@ms74.hinet.net
登記證字號：行政院新聞局版臺業字五三三七號
發行人：彭正雄
發行所：文史哲出版社
印刷者：文史哲出版社
臺北市羅斯福路一段七十二巷四號
郵政劃撥帳號：一六一八〇一七五
電話886-2-23511028・傳真886-2-23965656

實價新臺幣三五〇元

二〇一八年（民一〇七）四月初版

ISBN 978-986-314-408-3　　09136

澳洲雪梨海濱

攸 步個照

楊　平個照

兩人於攸步雪梨家中對話

夏日的雙重奏

目次

楊平詩選

攸步序

這個集子收錄了我和楊平的部分詩作。詩選後的對話部分是雙方就一首詩所進行的討論，後經相當的刪改與補充。由於我二人背景迥異，討論過程中多有牴牾，乃至反覆爭執、面紅耳赤的情況。這也恰巧反映了兩岸文化間的差異，詩人對於文字和表達的不同感受，乃至個人性情、見識和不同的藝術風格。對話中涉及的諸多問題並無定論，讀者自可因循而深入探討。以我等之愚陋，竊冀所言或有益於詩；而連床對雨，闊論清談，也是詩者的難得的快慰。

與楊君相交十數載，所處皆平淡。彼多年隱居臺北內湖，於堂前專奉老母，潛心為詩，閒時以小說散文自娛；我則困守書齋，參經瀝典，一事無成，思之每每汗顏。不意身凋力怯而詩心尤熾，此莫非木心之「我亦未曾饒過歲月」的一任慷慨？近讀海子詩，至「活在珍貴的人間」一節，心並淒然。蓋詩之為物者，情也，歲月人世所反映交集；情者，幻也，非歷千萬劫而可達至真至純之性。人間之珍貴，豈非因心中「珍貴的情感」？而世事譎詭，大道滄遠，令赤誠如海子者亦覺不可堪，乃至朝哭夜想，顛倒流離，終於殞命鐵軌。我輩當病之，或同感嘆，在詩有所不能為、不可為。莫若三兩知己攜手，趁風清月朗，邀時光而共陶醉。是為序。

攸　步　於雪梨

二〇一八年二月

攸步詩選

貓遇

童年是我們永遠回不去的國度。
一輪朗月
普照這人間的天庭。
星搖影換，有人正乘月歸來，
千萬盞燈下，懵懂的孩童在夢想中起身——
火花四濺，列車飛馳，
藏青色的海面上籠罩著世界的雨。

而對於常年漂泊在外

那些縈繞著遊子的關於時光的記憶
早已消隱在無盡的白晝，只在偶爾夜闌的時刻
或者腳步不經意的停留間
悠然如黃昏的星閃現：
記憶中永遠下不停的雨，
午後繚亂的鐘聲，
飛鳥，廣播，
節日的圖書館裡升起的廣大的寂寞。

抑或是生命中一個久已忘記的小小的插曲：
昏黃之交，在故鄉發白的柏油小路
風吹的蘆葦岸旁，一隻貓
猛地竄過，將一輛偶爾經過的自行車掛倒。
這不可思議的奇遇，

落地時的鏗鏘，連同病榻上的身影、
受傷的母親依然年輕的面龐，
至今仍會讓我眼中陡然湧起淚水。

二〇一七・一一・一七

他們到草原裡去了……

他們到草原裡去了，
兩個人，翻越重重的山嶺
到草原裡去了。

草原舒展開她博大的胸懷，
將癡求的人們引入她的深處，
並把大自然所有的神秘美景
向他們展示：

柔和的風在地面漫遊，
羊群在遠遠的地平靜息，
陽光變幻著絢麗的圖案佈滿天空，
無比廣闊的草原在沉睡。

他們到草原裡去了，
只留下我一個人；
他們不是只去看看天地，
他們是想去尋找一些不知名的東西。

他們走了，未經告別就悄悄地走了，
簡單的行囊背在背上。
列車開動了，駛向群山，駛向草原
駛向遠方蒼茫的夜色。

在那裡，深厚的草原將給他們以深刻的啓示，
通紅的篝火將映紅他們的整個身軀，
牧民們豪爽的暢飲過後，將給他們
搭起一座簡陋的蒙古包。

啊，草原！和風，羊群，牧草，蒙古包，
一切都沐浴在燦爛的陽光中，
清涼的河水撫摸著馬鬃，
高亢優美的歌聲在遠方飄動！

他們到草原裡去了；
只留下孤獨。
但是我不想讓他們走，

我不想成為一個守望的人。
無邊的草原縈系你年輕的心，
對你的思念催生我胸中遼闊的草原。
我不會等著那樣的事情發生，
心愛的姑娘，我會成為那另一個人。

一九八八・一二

生活中還沒有奇蹟發生

嚴冬到來的前一晚
就如同將被佔領時的光景：
空曠的街道不安地向遠處張望，
一支寒風的大軍正星夜向著城市急進。

晚歸的行人匆匆穿過
沙沙作響、幾乎掉光了葉子的林蔭道，
在拐角的另一個路燈幽暗處
他再一次加快了腳步。

氣象播音員的聲音早已沉寂，
電視螢幕上覆滿霜雪。
在屋內暗淡的月光底下
只有時鐘看守著不安的睡夢。

夜行的列車急速駛過，
直向著遠方的曠野。
遙想著溫暖南方那檳榔的海面
熟睡中的男子吐出裊裊白煙。

明天！彷彿所有的一切
都匯聚到了明天，
上天早已準備好節日的盛宴，

將隨季節的輪迴慷慨相贈。

女人們固守的夏日城堡
在紛飛的布片中悄然隱退，
連目光渾濁的老人
也開始為將來重新盤算。

沉默的衣櫥泛著幽光，
存封的冬衣不聲不響，
心靈忽然迷失於時空的急轉，
彷彿每一條皺摺都通向了數不盡的時光。

此刻，出租汽車司機的心裡
正冉冉升起了希望，

中心廣場上的青銅雕像
也準備披上剔透的銀妝。

時光的隧道已為未來鋪平，
生命中的奇蹟也許就會發生；
相伴著凜冽寒風的唏歔，
大雪紛紛揚揚——

彷彿熱情而謙遜的推銷員
向密密的屋頂和街道遞上自己的名片，
邀請行人展開厚厚的百科全書
將上面空白的生活的詞條一一填滿。

一九九五・一二

致窗前的樹

for Lawrence and Amy

窗前的樹，
你也曾有過柔弱的身姿，
輕擺如同風中的新月；
如今你又將換上新衣，
像少女的秀髮
臨窗那青蔥的一攏。
誰聽見過你青青脈管的歌，

當你正長成風姿驕傲的一棵小樹；
誰曾徘徊在秋天的枝下，
為你拾一曲韶光流轉的歌？

窗前的樹，
滿載我遙迢的心事，
恰似風中追拂過的火車一列。

我願意常守在你的身邊，
就這樣度過菁菁歲月的孤獨，
聽取你無聲的歡笑，
也請你記得我窗前的每一幅剪影。

二〇〇六・九・二八

仲春午夜星友的小聚

……現在已近零點。
抬頭望見西南露臺上
那高懸的斗柄。
仙後淡淡的羽衣下，火星呼嘯著
駛過我們發紅的雙子星。
時鐘彷彿永遠停留在了午夜。

朋友們仍自闊論不停——
和著春夜溫翕的呢喃、

滿載著的風的詩篇，
獵户那漸漸消滅的面容。

偶然降下的沉默裡，
有人輕嘆著；
愈加警醒而沈醉的夜
滿懷青春、放浪和愛情……
我們偎依在床腳，彼此凝望，
像即將衝破黑夜的顫抖的晨星，
聆聽著隆隆遠去的火車
將我們紛紛撒向鋪滿夢幻的深藍曠野。

二〇〇九・一・二一

少年與海

少年，可還記得
這片海，
你孩提的時光曾經相依相伴的海？

自你的離去
戀戀海風梳理著鷗影，
多少匹天馬橫掣過天邊赤青色的雲，
點點白帆駛向世界的深處。
高高地舉起，那一雙手臂——

曾將你全身心地奉獻
這個歡躍而激湧的海上
冉冉初破的黎明……

你無羈而廣闊的優遊，
漫漫海灘彷彿從未留下哪個旅者的足跡。
日夜漂浮的海島，
幾度牽引的信天翁，
依舊迴響著的時光的繾卷中
這片奔流不息的海……

如今你重又歸來，
卻不復頭枕著濤聲
度過生命中喧嚷而溫馨的一夜。

白浪間縱跳，背依著遙遙雲海，
夕陽下向著叢集的鷗鳥
匆匆訂下了來日的盟誓。

二〇〇六・一・八

留聲機

走吧，留聲機
那一天我們踏上了沸漲的熱沙……
泛著銀色月光的海浪
郵輪漆黑，駛向深深的海洋

我向你奉獻出
一朵朵蘭花
沉默而堅定的手臂

為我們護航

你說要一直行駛到天亮
因為夜中的音樂那麼悠揚
我從你身上拾取著落葉
讓世界在靜默的風中返航
走吧，走吧，留聲機……

二〇〇二・四・一八

野地上的拾荒者

野地上的拾荒人
從不走進我們喧鬧的集鎮，
探訪每一個大街小巷，
敲醒一扇扇緊閉的街門。

沉默地走過，或者隱身
城市日復一日的垃圾場。
可曾在矗立著雕像的廣場水池旁
稍微坐一坐，晾一晾你心中的憂傷？

手提鈎竿，
肩下斜挎著布袋，
在從不生長寶藏的田野
隨意吹響一根折下的蘆葦。

就這樣無心地遊蕩，
走過孩子們的圍觀、嬉笑，
虛度著你漫長的貧瘠的時光，
夕陽下，癲子似的追趕一隊
偶爾飛過的嘰嘰喳喳的小鳥。

二〇〇八・四・二四

菩薩的秘密

他擦去了我的腳印
他風乾了我的淚珠
他將我從凡塵救醒
他要將我變作雲中的老人

他將我引入異鄉
他解開了我的繈褓
他吹落了夜晚的星星
只為我留下幽隱的螢火蟲

菩薩，用一千隻手臂
　　　　　　將我拋棄
又在寂寥的香水海邊
為我送上寒衣

他前引的方向
只是無聲的微笑
我漂流的驛站
是一個個荒涼的海島

我的頭髮斑白
我的嘴唇枯幹
我發現我已隻身變作乞丐

置身於黑色的人群
再一次，滿懷著風花雪月
再一次，腳下吹蕩著悠悠琴聲
我拐過路角，卻在塵土瀰漫的大路上
再次瞥見他匆匆消逝的身影
菩薩，菩薩……

二〇〇三．一〇．二三

機器時代的愛情

我向你伸出了手掌
帶著含義曖昧的企求
我曾將你引入深秋
看北風穿過你的頭髮
我們一起沉入了黑夜
在彼此的眸子裡尋找到野火

我們曾在寂靜中躺下
聆聽從遺忘的荒野傳來了鼓聲

我們，使用過語言
我們，解剖過淚珠

我們，曾向著星空祈禱
唇角結滿寒冬的冰霜

我們，那一度使我們傷心的解救
我們現在卻喚它作愛情

二〇〇二．一〇．二七

午後

怎能想起遙遠的夏季，
胭脂、睡蓮以及合歡花的氣息……
盛裝的新娘從六月走來，
滿帶著黃昏時少女的祈禱與致意。

你不相信牧神午後的歡會，
這樣的風中他們也定在草場安睡；
你願意看見羊群草綠色的眼睛，
正緩緩轉向銀杏樹上雪白的雲。

41 午後

在那個有著無數個午後的炎炎夏季
就像是滿載貨物的江輪，
你惺忪的睡眼始終無法睜開，
你嘴角的陰影在我的凝視下也愈加濃重。

柔情的眷侶，時光！我不知該怎麼說——
只覺得窗外的天空是那麼的悠遠，
在飄搖的樹影與我溫柔的指間
你模糊的夢囈勝過了語言。

一九九九・一〇

慧湘

一週六天端坐在太平藥店，
我的表姑慧湘，豐姿俊美的榜樣！
看門廊街上什麼樣的軍裝
正吸引你栗色瀑布的睫毛？
星期天一早便精心地妝扮，
期待黃昏時一次秘密的牽手，
對對身影團結湖中倒映。

你回來了，彷彿身披流連驚艷的晚裝；
你俯下身去，看鏡中額上
是誰臨走時種下一株枯藤？

俊約的軍裝映綠的睫毛，
一艘船正駛向遙遠湛藍的海角；
你情人的盟誓只和著聲聲知了的夏天，
漫漫秋風已吹遍你緊閉的窗前。

你年輕的士兵已死，
走向遠方陌生的街市；
城樓下，一百萬市民齊更換了春衣。

二〇〇五・二・三

給一個女子的過去、現在和將來

她站在長長的長長的海岬一端，
她好像從未擁有過童年。

那個她常常更換衣服的夏季棚屋
已淹沒在秋天鉛青色的氾濫的海水。

二〇〇六・三・二〇

熱氣球

飛越黃昏的燈火、霓虹，
向著寂靜的黑夜中
那些暗藍色的峽谷……

河流漆黑好像大地的傷口，
我俯身向她沉默的姐妹；
運河正含著熱淚流淌，
伴著烏篷船上瑟瑟的燈光。

海峽外無比廣闊的大海，
你悲傷的海岸只為我無盡的徘徊——
哦！今夜雨水浸透的平原，
我的家鄉，我的愛！

二〇〇一・一〇

牧人谷

她是牧人的山谷中
一小朵嬌怯的花，
開放在藍光雪頂的山下。

神奇的牧人谷，
她縈系的情花只為牧人開，
無人眷顧的草徑
飄浮過流連的白雲朵朵。

迷惘春光
旅者翻過山坡，向遠處張望
陣陣幽香
氤氳在一片寂寂的草場。

他在牧人的身邊駐足，
恍恍夢境正值晌午。
一棵午春的風中
多情的花
也不經意地向他搖曳。

沉沉夢影中
他彷彿看見了牧人的憂傷，
那青草間埋頭的羊群

也一時停止了吃草。

你迷人的山谷中
一小朵熱情的花！
他裝作只是停下來問路，
然後獨自走向牧人的手指。

二〇〇五・一一・二四

冬之舞

我半夜起來小解。
月光滿室……
雲鱗樹影，巨鳥的翅膀散亂、游移。
我看見穿過浴室的牆壁
一節淡黃色的車廂
輕搖、靜謐——
那是年少時代的我們
正從遠方歸來，

一個個東倒西歪，在車廂裡精疲力竭。
現在，是幾點了？
這些孩子們，正駛向落日，
又好像是從晨光中剛剛醒來。

我搖了搖頭，
提醒自己：這不過是一個夢，
要藉著霜濃的夜色
將我帶走，
在記憶中永遠湮沒，永遠停留。

我回到臥室，在寂靜中躺下；
冬夜已十分寒冷。
憂傷的鐘擺催促我再次入睡。

我漸漸看到：冬夜中
一些白色活潑的精靈
正從我的呼吸出發，
踏上穿越黑夜的茫茫旅途。
他們在結滿冰花的窗上跳著舞蹈，
追逐著時光，
在綠油油的田野上
像一隊春哥兒高聲叫鬧，
驅趕著盤繞不散的看不見的死亡。

二〇〇三・六・七

我瞥見過上蒼的眞容……

我瞥見過上蒼的真容——
在阿基米德花園
邀我赴免費的午餐……

巍峨的城堡，
爐火燒得正旺。
艷陽高照，不具名的鷹盤旋。

凜凜天風

我跨過上蒼的門檻，急掣去的儀仗
消失在晴空下的歷歷蒼白。

如何博取了這無上的寵幸？
這跳躍的心，追蹤著天籟
要奉獻出詩的火焰、謙卑的淚眼。

又如何身處這廣大的音流——
看青蔥的草蟥躍上餐桌
飛入濃蔭之下漫舞。

他已在傍晚時分浮現，
撥開雲霧，在一群星星中間
照亮了我的歸途。

我的無法言說的喜悅
剎那間充盈了生命的空虛。
我已完成了我的心願，
雖然從未聆聽過他無聲神秘的交談。

二〇〇三・二・一五

未來的顯影（序詩）

流水淙淙
發自深宵幽隱的餐桌
魚兒正吐出氣泡
那誕生過最初幻想的零

彷彿初醒的大夢
窗外桃花艷影
但是酥油燈上的一顆油跡
重淹沒了渴盼的眼睛

向著灰白色的天際
黃昏或者黎明
直升機掠過摩天高樓
飛駛入一派繽紛的陣雨

夜的音樂中
冉冉星海，捧獻出千億張寶鏡
將坍向黑暗中的塵埃
照聚成眩目的新星

追從時光的中轉
恍若步出暗淡的森林
向著深藍天幕那永恆的背景

再一次顯身化作幽靈

有人身披鶴樣的仙衣
有人隱沒在秋原上的鹿群
有人將現實撕成了碎片
有人正轉過大路，從過去蹣跚地歸來

二〇〇二・九・二三

這是我的財富

倦飛的鳥，嚴冬將近，秋風吹打著樹葉。

在這肅殺的天氣裡，為何不隨你的夥伴南遷，而在這片即將被冰雪覆蓋的樹林徘徊？

因為這是我的財富。

昏黃的燈，黎明在屋頂展露它蒼白的微笑，零落的星星正從破碎的夢中倉皇遁逃。

蠟燭的淚已經流乾了，為何你還苦苦獨守著這片黑暗？

因為這是我的財富。
敞開的書頁，歲月染黃了你的面頰，你空白處的墨跡早已模糊得難以辨認。
所有的讀者都離去了，為何你還是一如從前地對著窗外的天空沉思？
因為這是我的財富。
黃昏降臨了，遠處的屋頂冒著青煙。野鴿子們正飛回到它們海邊岩石上的窩巢。
行路的人，我不明白，為何你總是把腳步在這蒼垂的暮色中消磨呢？
因為這是我的財富。

一九八九・二

夜間電波

——對一個逝去年代的回憶

1.

我們多少青春的時光
應像經年的酒釀在記憶珍藏——
我在空中拘謹地漫步
跌跌撞撞，在朦朧午後的宿舍牆上
繪製新鮮的彩虹，
窗階上揮之不去的羽毛
是西天依依不捨的雲朵。

母親來了。她要在芸芸眾生的
擾嚷聲中，再次找到我。
我生命的孤島、
黑色月光下的綠洲
在床外五尺高的地方閃爍，
伴我聆聽樓頂上的水聲，
走廊外的時光那麼荒涼寂寞……

像白日裡夢遊的蝙蝠，
我們走向傾吐著神秘和寓言的黃昏，
在塵土中安頓下來了；
條條道路，要將我們帶入到
隱藏在黑夜中的許多承諾。

母親，拉著我戀人的手
將她託付給年輕的哨兵：
是誰，在放牧著無邊的黑夜，
是誰，正泅過惡水上的狂風暴雨，
是誰，獨坐在廢墟上
苦苦思唸著黎明前死去的鼓手？

2.

電波，在飛越、飛越……
無窮的電波
在飛越……

越過泛漲的海洋

潮濕的沙漠
越過廣袤的森林
雲霧中初生的峽穀……

電波電波……
在空間迷失
在星雲外復活
飽含著久已冰凍的血和雨……

是最輕盈的女體
電波電波……
是風中永不凋落的草裙
傾斜著，那麼脆弱……

旋鈕下的世界
烈焰蒸騰
斜陽射出異彩，火紅的鳳凰灰飛煙滅……

黑漆漆的大山
正落下沉重的松果
明月滑向峭壁下的深淵
窮鄉，一片沉寂——

城中，此刻
數百萬人的幽靈
已悄聲斂跡

3.

他們，還在發笑，
像一根根鬆開的發條；
他們，正口吐經典，
骯髒的手指伸向傳教士的兜囊……

東京玫瑰，莉莉瑪蓮，再見！
坑道下的戰士，
我沿著你血紅的墓碑
奔往你嚮往中的聖地……頹廢的家園！

我們蜷伏在深夜的列車上，
躲避著獨眼獸無所不在的眼光，
終於變成了狐狸、鴿子和鼠鼬，

荒野的垃圾場上重現出我們的自由——
一個聲音說：這是你唯一的拯救，
一個更遙遠的聲音說：你的驕傲，你的驕傲
在我們琳瑯滿目的商店中
是最無上的選購……

但是我們終於相信了
頭頂上那更加強大的發射，
走在呼吸洶湧的大街上，
我知道，我也是他們中間毫無特徵的花瓣一顆。

4.

只有靈魂沉寂時

額角才會秘密閃光。
我驅車駛向郊外，
前方是幽暗的海港——
已到達FM的分界：
風中柔軟的天橋上
依稀佇立著白衣幻影。

燈光，沸騰的海洋
在半空熄滅，
腳下搖搖閃爍著野火：
那是冥河上穿梭的草船
正將忙碌的夜行者運送，
他們身上滿揣奇珍異寶，
將赴異地探訪沉重的幽靈。

我看見億萬雙眼睛
正齊向我注視：
天風，濃霧，搖盪的井繩……
哦！我的生生伴侶
正伴著紅矮星飛逝，
來不及幸福地呼喊
巍巍天門已訇然向我關閉。

二〇〇一・一一

高原之光

1.

他與緻沖沖闖進門廳，
手中厚厚的雪帽汗汽騰騰。
他像是剛剛走過很長的路——
我看見在他閃身的片刻
大路上的風雪已漸趨平靜。
幽隱的火焰，黯淡了
窗外的高原。

壺中溶煮著搖搖欲醒的雪水。
年輕的高原，還在黃昏安睡，
屋後皚皚的群山
籠罩著深灰色的夢影。

我心嚮往的高原！
一隊行人正向著遠山行進，
翻越巍巍冰嶺
在懸崖底下，迴響著他們
走過積雪時的嚓嚓聲。

夜空下的星星
叮噹搖響祝福的風鈴，
歌聲催促高原快快甦醒。

我的同伴已在星光下悄然起身，
頭戴厚厚的雪帽
消失在夢影交織著的高原之夜。

高原上的人，沉默的旅伴！
此刻正頭頂著一片黃月
緊偎著馬鞍，
沉睡在漫遊過高原的黯黯風雪。

2.

我還記著，這座城市
空蕩蕩的圖書館
厚重的窗簾外，
那座熠熠閃耀的火焰山……

午後沉寂的鐘聲、
白色矗立的宣禮塔，
我曾經向著城外飛奔——
那座山崗
卻是稠雲下光影交戰的沸騰的城堡……

因為我是這樣的孤單。
我居住在城中一條陌生的街道
地處僻靜的一間舊屋。
我是來尋找你，愛人！
隱身在記憶無聲的角落，
又怎能不讓我悄悄愛上那個不會說話、
卻總是露出迷人微笑的你的小妹妹。

但是一天
她也從這條街上消失了，
舊屋中只留下她無聲的微笑
和揮之不去的永恆的寂靜。
每天早上，我從圖書館厚厚的窗簾間
都會看見十字街口
那些急速轉過的行人的蜂窩：
在剎那間成形，在剎那間消散。
我的愛人，你究竟到哪裡去了呢？

有人告訴我，這是一座
重見天日的城市，
湮沒的散落的白石廢墟間
埋藏著數不清無法辨識的文字，

像我們腳下的竊竊私語。
但是我的工作，只是給所有的圖書分類：
我從不坐下來閱讀，
我們從不買進一本新書；
我為每一冊圖書細細撣去塵土，
我將一冊冊圖書整齊地排列，
——但是從沒有人光顧，
從沒有人；雖然我一直夢想著
為他們中的每一個
都奉獻出吉祥美好的名字，
甚至每一條街，甚至每一棵幽靈般的走過的樹……

3.

光，突然在此中斷了，

像是沉默的冰柱間
遽然裂出的蒼白的指骨。
八角形的集市，行進中喧鬧的高音喇叭上空
黑色的鷹盤旋。

多少年了，
我看見你奴隸的髮辮更加漆黑，
眼瞳中崗仁波齊雪山上的幡影
更加澄徹。
這五彩驕陽下的午間世界
像湖光中一片凸現的聖景。
宮殿。巨大的陰影
爬行，在廣場一角重新躍上

揚滿塵土的喧囂。
在街頭酒館，我突然看見：
咦——，那不是你嗎？
踏著黃昏的風雪歸來人、
在星夜搖響祝福的風鈴
在雪山屋頂下
在爐火和馬鞍後熟睡的
不正是你嗎？
和我一起走過平疇，
眺望過田壟後的青山、
躺在開滿了十齒花與黑節草的鐵杉樹下
談論過羊群和白馬歌會上
高唱著「願善神得勝」的美麗少女、
但是在午夜悄然起身

依然戴著厚厚的雪帽的
不正是你嗎？
——煙霧騰騰，
目光閃爍：我迷失在光影憧憧的隧道——
他們在說著我聽不懂的語言，
他好像並不在對著我說——
我睜大了眼睛，
恍忽看見了猛獁人的畫像，
在說不出的驚訝中
猛然感到自己
已身處異鄉。

二〇〇三・一・十五

幸 免

——獻給我的同類 所有幸免者

1 七日之約

如今我也像蒼老的母性
守護著河流，而它
卻唱著我聽不懂的歌——
鶯鶯，我的表妹！
可還記得我們七天的約會？

你坐在絲綢一樣的水中
安靜像田野後面輕眠的海水。

一條多麼寬廣的河——
挖泥船的轟鳴，第二天一早
就將我們喚醒。
多少銀魚溯流而上
飛掠過我們嚮往的桃林和桑林。

日落時的喜鵲，一隻接著一隻
降落在高壓架頂，
我們站在軍營空地上
等著每週三的露天電影。
透過你風中的面影

我看見那些揚鬃的馬群
正躍入到銀幕外漆黑的河水。

大雨滂沱，一連下了幾夜。
在雨的間歇中，你突然說，
如果，如果……
我的夢境充滿了山崗、
紅葉，深深的積雪……
如果，如果，這所有人中
只剩下我們兩個，你就將
成為我含羞的姑娘，玉立婷婷……
在洪水退去的方向
在你微微去轉的髮絲上
正熒熒閃爍著第五夜的燈火。

第六天我們分離——
我感到你暗中牽著我衣袖的手指
無聲鬆開；你漂向絲綢一樣的水面，
我站在孤單的岸邊——
含淚的眼睛，你含淚的眼睛！
永遠留在了佈滿淤泥的河灘。

我睡了一天一夜，
只為在魂夢中再將你護送。
鶯鶯，我的表妹！
我把這第七日全奉獻給你，
願你在通往冥河的路上
得到永遠的安息！

2 寂靜之城

他們，還活著。
在寂靜的城中，
在空寂的舊屋。
還活著。在牆後濕漉漉的
排水管中，有他們滑落的聲音。
活著。在石灰的縫隙，
在泛著泡沫的渾膩的河水。
活著。穿過城市嘈雜的陣雨
在電車遊魂般的停靠中。
活著。活在傍晚空曠的廣播裡，
我們的腳步觸到了他們

躲閃的影子。
還活著。在扭擺上升著的煙柱，
在肅穆的午後
在鐘聲中，活著。
活著。在橋墩底下
在拂曉前的沉霧中
每一個戴著菊花面孔的幽靈。
活在每一個結霜的晚上
披著油布雨衣，徘徊在路燈下的街角。
活著，好像從未曾離開過；
活著，好像來意不明的陌生人；
活著，好像等待著，等待著
一場即將來臨的毀滅……

3 在篝火旁

我走向山坡上的松林，
只為要將城中的幽靈忘卻，
我帶上發黴的雨傘和雨靴
也帶上了自己沉甸甸的影子。

在白日裡我也是不起眼的幽靈，
呆腫的目光在墨鏡後面閃爍。
我原諒了眾人因為眾人原諒了我，
我們將同赴遙遠太平的天國。

那一日天上滑過熾烈的火球，
從中午一直燒到慘白的黃昏，

許多人在恐怖中死去，
許多人被烈焰燒焦了舌頭。

但從此不再有新的災禍；
我們開始相信白日後面撫慰的長夜，
開始相信吉普賽女人的紙牌上
再一次照耀著的溫暖的晨星。

從此將唱著遺忘的歌謠，
將星星燈火沉入到渾噩山谷。
我來到山間松林，
隱隱風中傳來斷續的人語——
像來自勃魯蓋爾畫中的廢墟，

像九泉之下纏綿的水滴，
像蝙蝠噩夢中緊咬著牙齒，
像河伯醉醒後的呻吟。

循著這幽咽的聲音，
我望見一叢血紅色的篝火，
幾個微微晃動的黑影
正附身向熊熊飛竄的火舌。

他們正低聲交換著復仇的咒語，
黑紅的臉孔像來自陰陽的交界，
他們豎起經過煉獄的耳朵：
命中的獵物正向他們步步靠近。

我看見暗月下漆黑的大山
漸漸露出了蒼白的輪廓，
一架好似荒遠年代的鋼鐵龍骨
在野地上半睜著窺伺的眼睛：
恐怖的馬達正為我隆隆地啓動……

二〇〇一．一〇．二七

門捷列夫的一天

門捷列夫從沉思中
醒來：已過晌午。
窗外，馬車早已套好。兩匹馬
不耐煩地原地踏步，
打著響鼻：
它們不想在黃昏前再冒風雪。

但是馬只有模糊的心智：
天氣好得很，

在歐洲的其它地方
一樣艷陽普照——
花園游泳池上淡綠色的薄霧，
赤裸上臂的貴婦正呷飲蘇打水。

馬，怎會四蹄騰空？
如非這樣，那絕對是
馬自己的錯誤。
此刻攝影師正在暗室
複製出屋頂和天空、
街上擦皮鞋的骯髒的男童；
下一步多葉快門就要對準呼嘯過的火車、
機帆船逶迤駛向天王星上
八千里厚的冰雪。

門捷列夫還在思索。
寫字檯上，一副空白撲克。
他在上面一一填寫上原子的
沉默的重量。
但是輪盤，還只在空虛中瘋轉——
門捷列夫的額頭浸出了汗珠。

窗外，馬車旁
走過退休的水手，
正悠閒地吸吐產自墨西哥的煙草。
大街：無限增殖的等號；
煤油燈：一串燻黑的酸葡萄。
水手在街的盡頭停住了——

夕陽彷彿也對他倍加讚賞，用千萬道光
摩撫著他胸口金黃色的焦油。

氣溫在下降，下降……
門捷列夫在寫字檯上做著夢；
廄中，馬在站立著長考。

二〇〇二・四・二

神奇電影院

即使在
溫暖的春日
馬麗身上也披著厚厚的冬衣

即使在
空曠的大街，揮不去的
暗室的影子也時刻跟隨著馬麗

馬麗的母親

是個野女人：馬麗的父親這麼説
整個城市也贊同似的
注視著馬麗日益膨脹的身體

所以馬麗總是匆匆走過白天
所以馬麗從不在人群滯留
所以馬麗迷戀上了二毛
因為二毛整晚遊蕩在街上
二毛身上的零錢多得不可計數

馬麗喜歡
幾小時地坐在黑暗中
看著走過草原的動物
林中的動物，雪地上的動物

動物園中無所事事的動物
馬麗還喜歡看見
轟炸機噩夢般的盤旋
將長頸鹿丟棄在瓦礫裡
將受傷的獅子埋葬在電影院的廢墟裡

馬麗在淚光中
終於等到了勝利
馬麗在幸福的黑暗中掀開了裙子
馬麗終於成為了自己的母親
還將二毛變作凱旋的士兵

二〇〇二・一〇・三

我的家庭

1

我的家人
在一次遊園中失散
如今，寂靜的湖水
已結上了薄冰
父親，說是去訪問佛祖
母親，在原地等待

姐妹們，各分入花叢
最小的弟弟
獨坐在船頭，漂向了黃昏

這就是我的家庭：
從不同的地方來
在同一天裡分散

2

這幀全家福中的人物
竟會像一樹葉子
被一一吹走

這些節日的胭脂
荳蔻、流動的衣褶

竟會消蝕在急逝的風中
湖水含有劇毒
岸草正結出毀滅的火種
黑漆漆的橋洞下
竟然擠滿了慌張尋找著的幽靈

3

母親來自大地
父親是個火星人
五月夢想的孩子
漫遊在人間珍奇的曠野
六月乘騎著駿馬
七月撥開密密的青紗

九月依偎著兩岸
十一月乘船順流而下

向著暮靄沉沉的果園
年輕的母親曾經連連地呼喚
風中肅立的一隊白楊
護衛著月明星稀的夜晚

你還會在等待的寂靜中歸來
當我們一時忘記了你頭上源源的發射
因為你放下舷艙、稍事休息的時候
大地上已經過了漫長又漫長的日子

二〇〇二・五・五

在邊緣處生活

探險隊正冒雨挺進山崗
暴風中的森林發出宏大的交響——
你說要縛住思想的閃電
你說要壘起尊嚴的城堡——

碼頭外，提石陡降入水中
密排的藤壺時刻準備攀升
水母在深處揮舞著白色花朵

關於生存或世代的偉業只是一次潮汐
越黑越遠越神秘——
你說你當遠離這顛沛而迷妄的生活

二〇一八・二・二

經驗之憂

起初只是一片汪洋，
海浪湧向四面八方；
起初那喚醒了孩童的風
已吹入蕭疏鬢影。

天邊隆隆迴響著雷鳴，
——風暴退隱。
但心靈已樹起道道籬障，
宛如新葉覆蓋上塵土。

從何時起，海洋日漸乾枯，
四處遍佈崖壁，
一道深陷的海溝
企圖向縱深踰越。

可是棺槨已開始漏水，
最初的汪洋去而復回，
只是那獨自靜躺著的幽靈
已在暗中慢慢腐朽。

二〇〇一・一二・一七

雲崗

走近佛前
向他瞻望
佛的面目
寬偉的肩膀

敢問來世
冥冥的未知
何道生前
漠漠的相識

佛在拈花
佛在微笑
靜靜地說出
為我的嚮往

連綿春山
依依墟裡
且相伴徜徉
在這白雲的故鄉

二〇〇八・九・一三

生活

——未解之謎

乞丐走出畫外
修行者完成了思考
美術館裡，批評家正狂熱地欣賞
牆上：一幅空白
箭頭指向陰影
鯽魚正剝食洋蔥

貨場扳道旁
老狗尋找到新的主人
電車嘫嘫哀嘆
擺過長街雪後一片皴黑
沒有木柴過冬
教堂裡神父睡不安穩
床頭鐘滴答作響
生活在繼續
觀眾才露出微笑
演出已匆匆收場

二〇〇二・五・三一

愛情，最初的愛情……

愛情，最初的愛情！
曾經讓燦燦的星光失色，
在靜默的群山之巔
向我們昭示
那雲中的道路、新世紀的旅程……

曾經是春深午夜的花園
衣衫華麗的乞丐，
是喧囂沉寂的劇場

伶仃猶釃的戲子，
是威嚴的法官，
是憂傷的信使，
是桃花交映的黎明岸邊含淚的良鮫。

愛情，最初的愛情！
如今你重回到我的生活，
彷彿身披落葉，彷彿歷盡風雪，
在我的門外徘徊，撩撥我的心曲，
聆聽那憂鬱而渴望的琴聲
在燠熱而漫長的夏日黃昏，
嘎然中斷在某個發燙的緊閉的窗口。

二〇一七．一〇．三

楊平詩選

一個浪子

一個浪子
搖擺的走過校園
無牽無掛的
好像他底背影
無人瞭解的
是趴趴袋裡的黑紋筆記簿

黃昏時
一縷煙樣的出現了

隨著忽高忽低的漫歌飄然而去
久久的迴響如同
迷失在瘦長後街裡的霧
直到翌日清晨的九十點鐘——
那種瀟灑、蒼涼的曲調哦
不散，就是不散

我底心是一座風中之城

我底心啊
是一座風中之城
追逐著什麼
也孤獨的堅持什麼

我底心啊
是一座風中之城
葉落掉一生所有的哀愁
又不衹是哀愁

我底心啊
是一座風中之城
流浪以前是激越的歌
流浪以後是記憶之門

我底心啊
是一座風中之城
世界在夢底邊陲消失時
我仍聽著窗外雨聲，盼著妳

我底心啊
是一座風中之城
像鷹在高高的天際線盡處

守候落日
我面對著命運
默默自地平線上落
下
昇起

藍色失業日

卸下發皺的細條藍紋領帶
一路吹著不成調的歌

傍晚時來到路邊咖啡屋
一些年輕、鬱卒的面孔：
蒼白　酗飲　而茫然——
若干年前就是這樣。
海報　老街　和新興社區也是。
彷彿人類一直就是這樣・・・

——有人又談起股票、貪腐、紫薇鬥術和新壞男女
昏黃的燈光　煙影　使一切存在都顯得
當機般　虛無……

夜深了
拎著一袋過期漫畫書來到屋頂陽台：
往事忽明忽晦的閃著
半虛擬的哀樂
風很醉人而嘆息　顯得多麼愚蠢
——偶然浮起一個名字
大眼　放蕩　雙魚座
或許早已嫁人
或許

仍在尋找不存在的
布偶王子而整整一天
就這麼若無其事的過去——

不知該跳樓
狂嚎
坐禪
還是對著月亮乾一杯？

夜行偶記

傾聽中
窸窣之歌
不著一絲煙火的穿過
藍色湖心，流入
宇宙深處

年輕的精靈啊
每每惑於圖像世界的華麗
心醉神迷之際

卻又過於脆弱的
被黎明之光粉碎——
哦　青春無罪

曾經燦爛的
已化為午夜的一道閃電
曾經浪漫的
卻是一場日逐褪色的夢
使貼近的肢體也無法取暖
對抗歲月

猶若風
預言了一個時代的來臨
怯生生的水中殘柯啊

就如此支起
哦　支起了一整季底憂傷……

冬之感懷

我流浪來此。
呵氣成霜的季節
冰封的小鎮
是蒼涼雪原上的黑色寂寞

我想我底心也同樣寂寞：
人在城市卻不斷底渴望出走！
就像荒野中的獸屬於這裡——
我每每思量：

自己的前生會不會即是狼？
　「體內湧動著山林的血
　　而且同樣的嗜好孤獨　」
那日不是有人如此的質疑你嗎？

那日
火車上的女孩
會不會也是狼族中的一個？
有著倔強臉線和褪色背包
當嗚嗚的笛號衝入長空
咆哮的火車也是一匹匹狼
激情快意的在茫茫野地裡發足嚎奔！

狼
或者鷹
貝多芬
或重金屬
總之絕不是都會中的溝鼠或輕爵士
反制後的生命體啊
風塵而強悍

溪流血脈般通過蒼白的腹地
順著濕濡的泥徑走入黃昏
腳下枯枝不時發出清脆斷裂聲
凌遲河谷。
——偶然驚起一隻寒鴉

灰色大地
壯得像電玩神話中的巨人！

嵐煙消失時
整個世界都寧靜了。

近乎自戀的
幸福的
呼吸著清涼無比的松木氣息
沐浴月光
默默感受沉浸似水的藍
逐漸剝離的典雅美
和靜到絕塵的原生狀態——
我底心宛如四弦琴的流動
（有一刻）

舉手抬足的每個動作
都和木紋窗外的天宇
冥
冥
契
合
。

偶爾

——感官經驗

偶爾思維也會破繭而出
隨著落葉翻牆舞去
街角，黃色跑車慢速轉來
一股溫暖氣息，如新出爐的法國麵包
混合著淡淡茉莉香：兩排水銀燈
瞬間，交響樂般亮起
一整條金木樨花的街景

有一刻整個城市都彷彿全面
凍結。　　　　　直到

一名尖紅帽婦人
牽著兩隻短腿吉娃娃
和一群灰鴿子
宛如19世紀詼諧曲的，輕快消失在
暗橘與深藍的落日大道前——蟄伏已久的意識
漸漸竄動的加速
流動　激盪：在人間小小的繭中

肉體繼續欲求

冬天繼續很冷。
春天繼續很冷。
夏天繼續很冷。
秋天繼續很冷。
大地越來越冷——

惟肉體繼續欲求。

熵之五衰
──二十世紀

音之變

涓涓的清音自遠古的山林流入
十九世紀──
那靜美的田園歲月　那悠閒的農莊歲月
隨著引擎奮亢的穿過大地
變調成近世生活中，一首瘖啞的交響……

時光機器日益強悍的輾過
鰓裂下，五大洲的薄膜——
e世代的新新人類啊
時而追逐螢光幕上的影像
時而沉醉於尖銳的搖滾樂

光之傾斜

無視燈訊。無視預言。無視
憂傷的橙紅落日下
高聳、華麗、又傲慢的
科技巴別塔啊
一吋吋割裂著藍天、童年、和夢之拼圖

在自逐與假面的背後
在漫天廢氣與鋼冷的人造風景之間
觀光客一樣迷失在水泥叢林的
現代浪人啊：
原是多慾的巴比倫後裔……

水之孕

非自願受孕的地下水嗚咽的進入
煙染工業區：
那些黏稠的　那些多瘤癤的八爪魚啊
總是令人不快的憶起——無律法禁忌的
史前期，與夫療養院中，一身白癬的
皮膚病患者

握著一管無上權柄
侏儒大的星球　侏儒高的人類
又一次向天空猥褻而酸雨
酸雨不過是入夜後的生理反映罷了

慾之花

芝麻開門的魔咒釋放了
沉睡億載的惡靈——空間
與時間角力：貪婪的掠奪者
吞食著今日、昨日、以及未來的
一切寶藏　夢想　物質！

那些貪婪的掠奪者　那些無厘頭的衍生菌
日夜叫囂的沉溺在
比節慶更為糜爛的狂歡裡：
猶似大澇之後的雨水使異種妖花
佈滿每一片土地——
以幾何圖形之美，和幾何速度之酷

生之哀

陰影覆蓋著家園。
類似連續縱慾後翌日的平靜與
衰竭——
歷史更年期的焦慮啊
每每終結於世紀末的信仰厭怠症。

陰影覆蓋著大地。
當窗外的風暴逐漸壯大成神祇的
惱怒——一度不馴的人子啊
正徐徐萎縮為倦於蠕動、抗爭、思維的
蟻螻……

熵之淚

世界正加速擺盪。
使文明濫觴的，第二無上定律
使我們發出睥睨的、肉食主義之光——
剎那芳華後的一點清明
顯示：血緣是美的。

土地、物種、和繁殖統統是美的。
直到我們再度以過多的脂肪閉塞
靈魂，拒絕哺乳
而蒙塵的地球啊
又回到原始的星雲狀態：淚水
無息的滴入了無邊黑暗裡……

註：依據「物質不滅定律」，宇宙中的「能」基本是不變的。這也是熱力學上的「第一定律」。
能雖不變，形態卻會變：人類在宇宙的行輩雖低，透過非比尋常的創造力，畢竟一點一點成就了可觀的「地球文明」，同時，也加速了生態在轉換過程中的消耗，因而帶來了「熱之死亡」——即是「熵」（Entropy，又譯能趨疲），也是「第二定律」。
「天人五衰」之說則出自佛典。

天人，簡單的說，就是比人類更具能力的另一種「生靈」，由於仍在三十三天中，便也不免生老病死。

天人五衰有多種說法，如「頭上花萎，腋下出汗，衣裳垢膩，身威失光，本座不樂」（見佛本行集經第五），如「其一華冠自萎，其二衣裳垢土分，其三腋下流汗，其四本座不樂，其五玉女違叛」（見增一阿含經第二十四），另又有大小五衰之說，雖略有不同，結局都是死亡——其情況也很像今日人類處境，雖擁有空前的大能，卻也陷入了空前迷亂。

若說目前祇是「小五衰」期，人類尚有一線生機，可將死期後移，以尋救贖之道；若沉迷不悟，則毀滅已近在眼前！

史學家威爾斯在《文明的故事》裡，指出哺乳類與爬蟲類等早期生物的最大差異，在於兩者的精神生活（事實自不這麼簡單），也就是「親子間的不斷接觸」。換言之，這也是使生命得以延續的關鍵！而現代人的冷漠正暴露了此一危機，卻又不屑由歷史中尋找教訓，並且自溺於物慾之中，再加上衍生成的大量傾軋、種種破壞——再再加速了「熱之死亡」！

人類啊：難道我們真的願意讓自已讓子孫讓地球（太陽系中最美麗的一顆），回到亙古孤寂的冰原，或者消失於一次愚蠢無謂的大爆炸？

戰後和平日

——城市印象五　有感

校閱場上擠滿了人潮。
鼓樂、標語、和少女啦啦隊
五千隻鴿子掠過司令台後
每個地方都開始——塞車

小販
情侶
寵物

示威者
川流的佈滿公園　捷運站　市府大樓與
每一條購物街
箱型電視牆二十四小時反複播映著
子彈與仇恨
口號與安魂曲
——粗刻粒子的死者
和雷馬克筆下的陣亡士兵一樣
臉色如灰質的蠟，眼睛在雪地裡凝成
半透明膠凍
一張張二十幾歲的面容
沒有青春標記。

百貨公司一如往常的熱鬧光鮮

（相信我們再也不需要天堂了……）
動物園門口大排長龍
（基本教義派就是這般組成的……）
一群洋涇梆的金髮歐洲客
口香糖　露營袋　日本相機
飄搖著一抹觀光氣息……

行經香火鼎盛的廟宇
我若有感悟：
那些煙薰的泥塑神像
其實
和潛心膜拜的人子一樣——
而將軍
（幾千年了）

總是配滿一排排勳章的

死在床上

雲的心情

雲的心情每每是
浪子的心情。
孤獨的你從一座城市消失
自另一處洞穴出現
千百個日夜隨風飄逝
——長空裡的一聲雁叫
總是
啊　悽厲得令人哀禱……

迷走的生涯久了
你年輕的面容日漸凝重
幽靈背影墮落在記憶盡頭
悲傷的情歌漸漸沒人放送了
泛白斜紋褲卻和冬日的第一場雪那麼冷！
　　信仰，以及崩潰
　飽滿，又頹然的空虛
——沒有了激情
——也徐徐冰冷的失去了夢中彩虹
叛離了社會本體以後
無邊大地剩下的，一如
森林裡的苦行者
從零開始的理念
莫非

也別無選擇的回歸茫茫宇宙？

在大塊玉米田間眺望
壯美濃烈的落日
（如慢動作的殉美儀式）
以及月昇，月沒
西西佛的輪迴和悲涼宿命啊
億萬年來
——當你瞬間覺醒
浪子的心情
每每是雲
渴望著撕裂而終於幻滅的
心情

寂寞寫真

1 密　室

——我思／詩，故我在？

疲倦的光
一吋吋蠕動的爬過
半固態的心情邊緣：
把時間剝離成　無　意　義　的
格言
貼在牆上，對抗

那無法對抗的

虛空

2 無　題

（泛金的都會

渾然不覺的喧騰著）

雨

沿著你光滑　冰冷的面頰緩緩

流下，昨夜殘留的

落寞

（泛金的都會
渾然不覺的頹廢著）

3　一陣無名

許是類似的街景，類似的
呼聲
交錯類似的光影
輕輕磨擦
額角的
剎那——

內心
一陣無名

4 空城記

順著擁塞、瘦長、多塵的人行道
走
下
去

筆直乏味的生活狀態啊
使我一眼洞見了自身、世紀、以及
兒時海報上，那隻受傷的　失群雁鳥的
終極場景

5 非關愛情

忘記是哪一個年代
哪次瘋狂派對結束後
你幾近絕望的緊緊抓住
一條吞吐中的，壁影
以致永恆的青春啊
隨著皮質電話簿裡

一行日漸褪色的阿拉伯數字
偶然，在浮塵間　閃爍

6 放逐者

呵……這是沒有期待的歲月：

風景逐漸黴綠。
往事
逐漸缺氧的萎縮。
一首憂傷老歌
逐漸模糊的被人遺忘在灰色壁角……
——竟日無事。唯

世界　正　在　遠　離……

7 海之輓歌

回聲隱隱的響起時
我又來到荒廢的海濱浴場
——這是各地浪人的傳統據點
把一整年的記憶集中起來

用酒點燃。
待潮水洗去一切——

人生
總是如此流逝

8 大孤獨

沉默。狂奔。一路背對
落日在無邊的草原中心感受
某種失落：
那道徐徐拖長、扭曲、厚重的影子
——像我在百萬年前見過的
恐龍
那真是空前壯觀的殘酷經驗：

既使孤獨，也碩大無比

9 午夜之燈

鐘聲靜止時
全世界都睡去了
全世界都睡去時
我是黑暗裡的最後一盞燈。
望著你
望著你微涼、多骨、有點寥落的肩胛
一個小時

又一個小時

10 大地之音

人行道上的落葉喬木
隔著不怎麼透明的落地窗　一射
更憔瘦了
——塵埃是狂亂的
這個城市、這個時代也是！

恍惚中
我漠然　卻無比清晰的聽到
那低泣的　抽搐的　大地之音

又開始

又開始寫詩，又開始
不爽，為了一片釘在心室上的影子
又開始詛咒整個世界

揹著一肩袋子，假日裡
野獸般孤獨。
在大街流竄。
囈語。
一臉頹廢的

站在人界邊緣，觀看
路口喬木的顫慄
雲的冷漠
神祇的鼾聲
和整個城市的陷落……

恍惚中
我成為比風還輕的紙紮稻草人
隨著某種氣息
吶喊
若干模糊　無以名狀的事物
從青春的彼端
擺盪到歲月盡頭……

站在大地邊緣，每一條孤零的背影
彷彿　都有一則不忍聽聞的傳說

諸神默默

夜霧蒼茫
那人穿過一條小徑
又一條
——已多久了？
他不知道

夜霧蒼茫
大地深沉而冷
風呼嘯著

那人的心也漸漸惑下去
一條瘦長的小路會通到哪呢？
他不知道

夜霧蒼茫
大地深沉而冷
鷓鴣遠近悲鳴的啼叫
四顧森然的幢幢令人驚懼
一條佈滿荊棘的道路越來越密
那人身上的血要滴到何時呢？
他不知道而——
諸神默默

療傷的獸

——非宣言

花
為何清冷的白
天
為何陰翳而雨
頑強的生物
為何一再地陷入憂鬱……

青春再見

繁文縟節再見
再見。再見。再見！
告別了遽變中的城堡
又一次昂然而起的
意圖追索什麼——
滴漏聲中
卻不再界定　或者緬懷　風漬後的
昨日都會

動物性的遊走。
浪跡而不佔據。
置身異於往昔的氛圍
省思。觀照。以及狙擊
應時產物中的內在幻象

重解自我；
背離了古老磁場——
感覺沒有極限！

空曠的秋之田野
庫存了另一無以倫比的生命寶藏：
人字的雁
散落的秘密語彙
天外焚星遺跡
自動分裂增殖的菌類
彩虹音符
和林叢裏一頭自行療傷／復健中的
獸

我追求的不只是詩

1

我焠煉的不只是語言
在一篇文章中的位置
是否正確悅耳
我需要的不只是內心的聲音
何時
又以何種方式呈現在世人眼前

我拒絕的不只是某一人　某種文法
或某個場域／時尚的美學觀點
我堅持的不只是冷硬的真理之聲
或是青春
對生命的憤懣叛逆

我重視的不只是亂世的華麗
我期待的不只是節日　煙火　或焚星
我思索的不只是創疤的形成
我描繪的不只是午夜的夢魘
我感動的不只是天才　英雄　和叛徒的傳奇
我聆聽的不只是來自黑暗角落的嘶吼——
十年　二十年　一百年

我夢想的從來不是舞臺上的掌聲
密室內的自瀆
面對大地
我渴望的不只是一顆星子
如何在黑藍的夜空
孤獨閃爍

哦　我追求的不只是詩

2

難道不是我們先扭曲了心靈
再去汙衊文字
難道不是我們先污染了天空

方感到密室的幽冷
難道不是我們先惑於世俗的媚麗
才去摘取褪色的光圈
難道我們的靈魂已和水泥城市一樣的物化了嗎
難道我們還不瞭解泡沫人生的虛幻嗎
難道我們還沒有感到土地的創痛嗎
難道我們已忘了雨中的漫步
　　　　　　湖畔的蟬鳴
　　　　　　　前世莊周的大夢嗎
難道我們已忘了如何透過簡單的語言
和陌生人對話
　　向星星招手

微笑的面對一朵雲
驚嘆一粒沙中密藏著一個大千世界！
唉　難道我們已忘了自己為何寫詩嗎

3

讓所有的喧嘩都歸於寧靜吧
只留下一杯綠茶的清涼
讓所有的傷痛都化成音符吧
只留下草地上的模糊足痕
讓所有的落葉都鋪滿記憶吧
只留下風中的紙舟

讓所有的夢魘都隨著日出消失吧
只留下房簷的露珠　默禱　和筆記簿
讓所有的語言都跟著雨滴沉澱吧
只留下露珠般的芬芳
讓所有的情侶都停止爭辯吧
只留下吻
讓所有的詩人都歸於泥土吧
只留下愛

氤氳花氣的驚痛

——有感周夢蝶詩一

門外隱約的氤氳花氣
想當是你（為何總是你——為何）
隔著一層薄而透明的玻璃藍
無論紅塵落下了多少的
非想
非非想
你總是坐在那裡
許是靜觀，許是聆聽

一朵花　一行雲
並與一聲滴漏
共感著天地自有到無的，妙音

不知已歷幾世了
只在記憶的細縫裡
不時閃過
一條沉默又熟悉的藍影
或在某一時空
或於不同星期五

或因路是有心人走過來的：
　「語言浮華且易滋生歧義」
無量劫的一株蒼翠藥樹

只因一句失言
白髮一一
耽於冥想的
竟不能不是自殘的猛禽類

門　呀然自啓
林蔭道上的葉子
紛紛自落而一室花氣——
驚痛。

註：近日在紛擾中讀周夢蝶詩集《約會》，箇中禪味固是一貼清涼，每每引我至紅塵邊緣——此詩之功用一也；再回想若干往事，不覺有詩——此詩之趣味一也；不覺也引用了幾句，在此不贅。

初雪覆松
——贈十八子

小園是古代的三弦琴
呼應著新月門外
一句寂寞的詩
天地都已安眠
唯有白衣的旅人盤膝
微醺對影

一縷素光映著
滿室青花酒器
初雪覆松
心蓮未開
款款的足音未響
幢幢的半世紅塵啊
卻已極目蒼茫的
悄悄瘦成了一握，淡墨色水月

註：本詩靈感來自十八子的〈美麗與哀愁〉。即好友李峰。其工作室名為「水月間」。

隔樓觀景

小山漸漸凝定成古代的屏風。
又在街燈亮起時溶為夜，和記憶的一部份。
細雨帶著幾分詩情落下
紅藍色的候車亭
原是寂寞的前身……

無所謂歲月。
無所謂許諾或得失。
滄桑的總是一顆流動的心

包容了至大的宇宙至小的元素後
仍究不免怔忡的　徘徊。

我恍惚看見一人出現
幽然的身姿尚未及迴轉——
眼前，已自浮起一則往事裡的美麗
美麗裡暗自繚繞的哀愁……

往事

穿過秋天的大氣我又一次來到
記憶盡頭：白鷺飛向黃昏
許多鄰居的童年在井旁打水
我和長辮子姑娘攜手走過青春
雨；淚珠；以及清悅的田園之歌……

不久這一切全上昇為煙的一部份
人類的經驗、土地、和詩——兒時小鎮
已不在月光下閃爍

幻滅，見證了一個時代的幻滅……

後來每個人都陷在類似的城市裡：
打拼。速食。假笑。孤獨而執著。
偶然，呼吸到遠天飄來的清冽氣息
便像一朵菊花的復活
儘管充滿激情，卻不免在風中顫抖……

閃電

那原是來自古老神殿的
殘酷指令：
　如果你要活下去
就必需承受命運的一切挑釁！

我永遠忘不了那夜　又倡狂
又耀目的叉狀一擊——
哦　令一個浪子感動的
正是這種讓整座城市顫抖的力量！

堅忍的走過歲月。一如
赤足走過佈滿荊棘的野地——

看吧！
看吧！
湧動的天空又醞釀著一場
神祇們的角力……

在異國的土地上

在異國的土地上
思念
臺北的家
巷口的胡椒餅
週末的蠻腰美女
塞車時的電台Call in
摩登的怪獸房車和政客看板
若干熟悉　冷漠　而庸碌的面孔加上
若干年前

一次完全「搞笑」愛情事件
——所有和空氣一樣平凡的微塵往事
突然
魚眼般
自胸口爆開

所有已逝的　未來的　正在消失的
無論多麼荒唐
——蒼天在上
所有發生在這片　那片土地上的種種
無論多麼夢魘
都・是・美・的・

西敏寺外的感謝

古老的儀式仍在高聳的牆內莊嚴
進行：第二個千禧年即將結束
羔羊般的子民
感謝主
仍然羔羊般　沉默而馴服
感謝主
感謝自行繁殖的蟑螂
感謝伊甸園中永不腐爛的

青蘋果
感謝最後的晚餐
感謝十字軍
感謝印在經書上的每一行字
感謝女王
感謝觀光公會

漫步在牆外濕綠的草坪地上
想到剛剛埋入墓園的詩人
今後，也和莎翁一樣的不得安眠
雙掌合十
來自東方的我
感謝主

註：剛剛埋入墓園的詩人指的是奧登（1907—1973）。

露天咖啡座小憩

——巴黎・九月

貓一樣
感受
空氣中流動的自在
　　　鴿子滑翔
落葉旋轉
　　　雙層巴士交錯而過
金髮黑衣紅唇激盪著
碎音符

漸漸藍調的心情
隨著一朵兀自開放的花：黃昏

有人招手
有人隔街嘆息
：不知何時
這個世界連同崇尚和平　半素食
自然主義的你
隨著一點點加深的　咖啡香
邁入
前中期的　秋

叢林道場

——有贈　雪梨．中天寺

木葉沙沙的摩擦空氣而後
召喚著我
不久，千百思惘化為漫天雨花
窗外光影漸漸淡去
漸漸沉澱於　一顆心底　凝定
——而自己也成為一棵樹
吐吶三萬六千個毛細孔
遙遠的聲音逐漸澄明起來

不可言傳的喜悅
宛似靈動的風輕輕觸及了什麼？
閃電般的屏息中
一念清淨
悄悄溢滿了我底心瓶⋯⋯
喔　虛空中沒有幻滅

我懷念

我懷念充滿鳥唱、笑語、飄著白雲
和細雨的童年——
每一道晨光都宛如來自永恆的一首歌

我懷念那些成長的歲月
發現和夢想的翅膀每每在驚喜中
上昇為火焰之舞

我懷念那些閱讀和沉思的午後

圖書館的角落和城外的綠草地
統統是宇宙拼圖的一部份

我懷念蹺課和自我放逐的十七歲
如果頹廢不是必要的
寂寞和寂寞子夜的月光一樣美

我懷念戀愛和生病的日子
初吻是草莓滋味的而38.5℃的囈語
和詩那樣的不可捉摸、又令人興奮

我懷念父親的一生和死亡
沒有什麼是不會褪色的
褪色的美麗只有褪色後才能感受

我懷念面對第一首詩時的感動、困惑、特別是
流過面頰的那道清涼

我懷念所有的流浪、所有的
迷惘、抉擇、和動機
——也許來自命運　也許來自無聊
和抗拒無聊時的衝動

我懷念高山上的星子、無名穀中的長嘯
我懷念生命中所有的瞬間
一如在某些交會的隙縫
茫然於存在的存在　以及存在中的虛幻

我懷念那些容易被遺忘的事物
像波赫士懷念一面鏡子，我懷念
鏡子內的殘影
鏡子外的風月

再生

——給那些死而不死的人子

現在，他們是風
吹拂我
是雨，是我體內流動的歌
「死亡」使他們活得更寬闊、更真實！
——生活中的每件事
大氣中的每粒微塵都是菩提、都曾見證！
生命啊
每每透過屍解抵達另一層境界

隨著花葉回到大地，浪子也返回了故鄉
或遲或早，或以各自方式
（總有一日：）
我們都將在神聖的花園中心會面
和天使散步，觀賞白鴿之舞
以指、以耳、以輻射狀的觸及
螺旋式的喜悅
感受：寧靜中的優雅
——久別的老友都圍了過來
星晨在我們腳下，時間在我們掌心
巨大的寶瓶高高昇起——
歡喜讚嘆、歡喜讚嘆
一切奧祕都在微笑中澄明自解
歡喜讚嘆、歡喜讚嘆

我們浴在光中而又無不如意……

直到紅塵的彼端再度發出傳呼——
這次，也許是你，也許是
另一顆宇宙靈魂
瀟灑的揮揮手
金星在上
人間又誕生了一名嬰兒

念珠

輪迴中
三百六十五天就如此的過去

水滴穿洞
語言漸漸變成符咒
光凝為指令而夢
又一次具象的
串接起夜晚和黎明

串接起前生與來世
夢　一個接一個的　幻滅
光碎成灰燼而咒語
徐徐模糊的鈣化——
水滴穿洞

輪迴中
三百六十五天就如此過去

傾聽

——淨心劄記二

靜靜地感受每一次呼吸。每一吋空間。

小小的房間越來越亮。

螞蟻般
焦灼　遊移的意識
依序隱去

破碎的回音逐漸澄明。

靜靜地，等待一個聲音降臨

如同與神遇合。

渡口

——有贈

當命運之流飄到一個新渡口
岸邊的風景就不只是
沉默的山水了

許多泡沫在銀月下泡滅
許多聲音再度響起
一條大道分生出千百岔路
這一次

滔滔濁流又將把那襲白衣帶到哪裡呢

遠方傳來了牧羊人的笛韻
而紅塵的專車也快要出發了
那是召喚
還是又一次的迷走
我微笑的告訴橫空掠過的雁鳥：
只有讓靈魂悸動的
生命才能發出清越的光

狂奔

我曾高歌
握著一捲發燙的詩章
我曾獨對大江
發出最蒼涼的狂吟

我曾傲遊太虛
伴著風嘯雲飛咻咻的星焚
我曾在最青圓的月下
一襲白衣的忘情迷舞

我曾自逐
為了那縷淡若無有的花影
為了妳
啊　那源自無數紀前的一次許諾
我曾狂奔

躍過洶湧的浪擊前世的忘川
我來了
森冷的午夜已閃電七次
我來了
一路不斷拋棄著肩腰上的贅物
我來了
無視大雨咆哮陰影窸窣精怪交相的驚呼

我來了
赤足逆風的劃出兩道長長血痕
我來了
在亭崩山倒水勢轟轟而清瘦的花影
即將煙消以前
對著旋飛不已的漫空落葉撲身嘶吼：
我・來・了

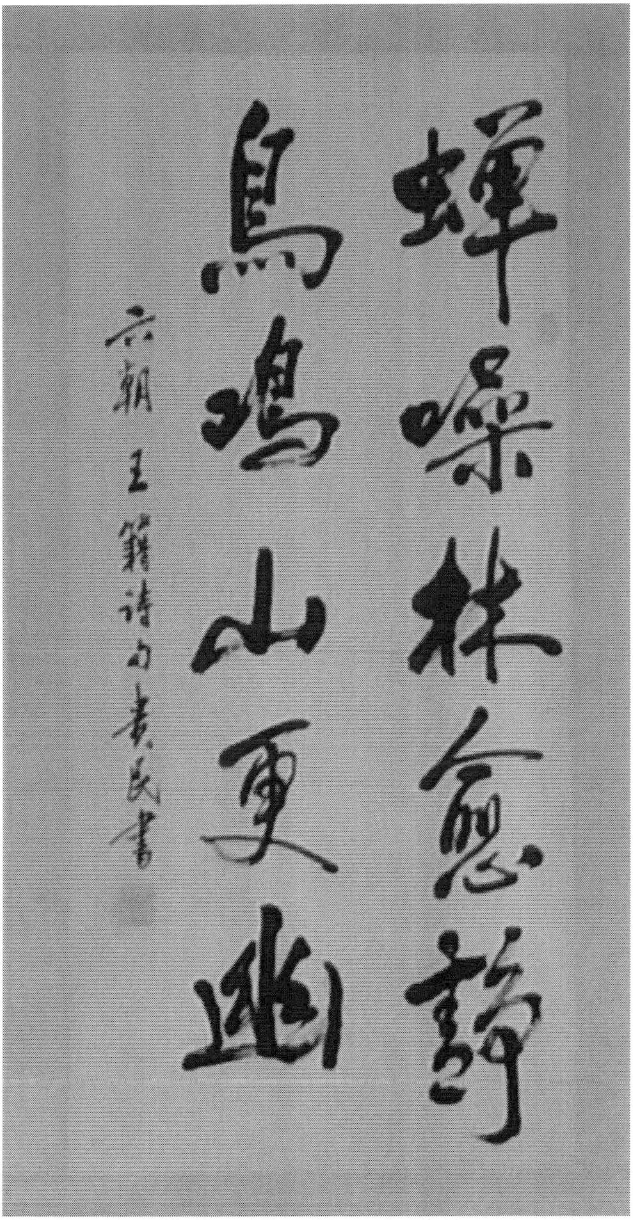
蟬噪林愈靜
鳥鳴山更幽
六朝王籍詩句

對話

——關於作品修改及替代性寫作

主題一　關於修改

步：羅伯特•洛威爾（Robert Lowell）在接受《巴黎評論》採訪時，談及自己改詩的經驗，說反復修改的結果往往是詩味寡淡，不復為詩。據說詩人兼歌手的萊昂那多•科恩（Leonardo Cohan）的名作「Hallelujah」前後八十易其稿，歷經兩年方才完成；後來科氏與巴布•狄倫（Bob Dylan）談及此事，詢問狄倫的名曲「我和我」

（I And I）如何寫得，後者說「15分鐘」，科恩聞言差點從椅子上掉下來。賈島有言：「兩句三年得，一吟雙淚垂」，可見改詩從來都不是一件輕鬆的事。

平：大概有不少人認同洛威爾的說法。但只能視為一己之見。自古以來，便有如捷才與苦吟，不同氣質的創作者。李白是捷才，七步成詩的曹子建也是；孟郊、賈島、姚合等為公認的苦吟詩人，而「七齡思即壯，開口詠鳳凰」的杜甫，也以為「熟知二謝將能事」，「讀書破萬卷，下筆有如神」。我們會羨慕前者，佩服後者，只因他們都有傳世的傑作，我以為這才是重點。

步：好詩自然不可多得。詩歌創作和修改有其自身的特點——在此我首先想到了繪畫。印象派畫家沉醉於光影的瞬間捕捉；莫內（Claude Monet）這樣的畫家可以不厭其煩的描繪同一個場景——教堂，乾草堆，或不同時間的水塘一角。這種寫生或創作基於視覺的再現。也就是說，那雙塞尚所驚歎的「怎樣的一雙眼睛」，可以透過無休止地觀察描繪，再忠實地呈現於畫布。而詩人似乎便沒有這等能耐。一個詩人可能整天沉浸在詩意的沉思而寫不出一個字。這似乎是每個成熟的詩人都經歷過的。究其原因，詩歌創作是純粹智性的情感表達，幾乎註定是漫長而艱苦的——話說回來，晚年莫內也逐漸放棄了早期的瞬間捕捉，而專注情景細部和情感深度，創作速度會明顯減慢。他的〈睡蓮〉和〈垂柳〉等系列畫作更像是經過濃密沉思而得到的詩歌，讓人聯想起泰戈爾，在他的花園裡寫就的詩篇。

平：詩歌——或者該說各種藝術，都有各自的特色與局限，創作時也都需要不同的靈感和毅力。即有所謂「被囚禁在方塊字的城堡」和「戴著腳鐐跳舞」的種種說法。蘇東坡云：「春江有佳句，我醉墜渺茫」，明明面對著某種感動，偏偏是眼前有景道不得。

步：即便是一生寫萬首，「專務眼處生心」的陸放翁（錢鍾書語），也有「詩料滿前吾老矣，筆端無力固宜修」的歎息。詩人的創作必須借助語言，經過抽象的過程和想像的提煉，可謂高強度的智力活動。「寶枕垂雲選春夢」，這個「選」字是多少詩人的夢想啊。

平：哈哈，過去詩人都傾向感性，近代似乎以艾略特為代表開始偏注理性，而你似乎更強調創作是一種「智力活動」？

步：也不儘然。我的意思是，詩人要想突破自身的思維和情感模式相當困難。這就好比《紅樓夢》元妃的省親會上，寶玉怎麼也逃不出「綠玉」的套路；才情如秦少遊者，最終須局外人投石點醒。詩人與自己作品的關係，也許更像雕刻家：當雕刻家選擇了他工作的材料時——石頭、金屬、或軟陶類的材料，其創作的態度和手法也就初步限定了。他或者信奉以一種誠實的態度和對石頭的「真實」感應，通過緩慢而精巧的工作將隱藏在石頭內的形體剝離出來；或者以創作的原始性和直接性為代價，在「簡單而濕軟」的軟陶上反復塑造和雕琢。

平：你這比喻的很有趣，也很到味。

步：當然，雕塑家之間會有不同看法。我猜想，詩歌創作大約更接近於前者。問題在於，一首詩一旦完成並納入修改的軌道，詩人就不得不面對一個極度困惑的問題：那最初引人激蕩或者惝恍的經驗，那穿越混沌的靈感，乃至發之於聲、錄之於筆端的語言，或多或少已成為一種神秘存在，一種散發著嫋嫋氣息的時間密碼——一旦脫離了最初狀態，回歸理性或清醒，修改變成一種徹底的破壞，往往得不償失，還不如另起爐灶，重新構思的好。

平：你說的有理，只我的看法卻不太一樣；這裡存在著時間問題，也就是時差——時差不同，感覺自然有異。這個「異」或已非你說的「最初狀態下的神秘存在」，仍然可能是另一種「神秘存在」，創作的迷人與部分的弔詭之處，正在這裡。就我個人而言，我把自己的創作分為喜歡的和滿意的。對不滿意的作品的修改，只能期望於機緣——如你所言，最初激發創造的種種神秘是詩的至寶，總是一閃即逝。修改是可欲而不可求的事。但只要用心，也許會又生靈感，以致與原詩巧妙合體，或僅僅是補充……只要有助於詩文本，我是不吝修改的。

步：我知道你的態度。

平：是大方也是大膽。事實上，說是修改，我更視為再出發式的「再發現」，就像一首詩有12行，你最初只捕捉到9行，或者，你寫出了14行，後來發現多出2行……如果怎麼修改都不滿意，則意味著整體拼圖出了問題。

步：我知道二〇〇二至二〇〇三年間是你創作的一個高峰期。你怎麼看待這一時期的作品？

平：那期間大概是我個人的一次釋放，不論風格還是題材。我粗略算過，五〇〇天足足寫了六〇〇多首詩。有小部分收錄到已出版的集子裡。這裡也收有幾首。若論修改，我認為大約只有10%需要修改，枝節性的修改。其它大可直接扔進紙簍——

10%對我而言已非常多。一方面，這是高潮期，心有所感才會下筆；另方面，畢竟我已不是少年詩人，有過不只「十年寒窗」的經驗，有感動，也知道自己要寫什麼。事實也確是這樣。回想起來，那可真是一段神奇又快意的時光啊！

步：錢鍾書謂李賀詩「穿幽入仄，慘澹經營，都在修辭設色，舉凡謀篇命意，均落第二義。」改詩，尤其是早期作品，容易以意馭文藻，而不可避免地影響了詩意的噴發。這在許多大詩人身上也十分明顯，即便是篤信「寧靜中追憶」的華茲華斯也承認，「強烈情感的自然流露」這一必然的路徑。我猜想這涉及到個體詩人的發展階段，和其所對應的詩風。我一直以為，對於我輩非天才型的詩人，過早定型就如同早熟的莊稼，是一件非常危險的事。

平：的確。天才可恃而不可恃，如海子者每每早熟早夭；華茲華斯三七歲以後詩作也逐漸變得平庸……至於風格，我認為對百年以前的詩人而言，並不是多大問題。比如李後主前後的詩風，純粹是命運造成，並非刻意轉變——對我而言，我根本不認為他有何了不起的轉變，最多只是題材由浮華改為傷感罷了。風格的建立需要時間；轉變不一定是好事，風氣的推動未必代表成熟。像余光中中早期詩風多變，有賴於各種吸收，但寫出來的未必是好詩；回台後他的詩風才趨於穩定明朗，雖也不免過於淺白。還有楊牧。我曾非常喜歡，欣賞他四〇歲以前的詩，像〈十二星象練習曲〉這一類輕靈而豐富的作品，生發於年輕敏感的心靈，又融合了中國古典詩歌的韻味和西方思潮；可惜四〇歲以後他的詩風漸趨晦澀和學院化。

步：晦澀可以有多種解讀。

平：當然。如果文字和意象都晦澀，就不免少了靈動，也就是能緊不能鬆。楊牧後來的每句詩行都很考究，但整體常令人不知所云。不似葉慈晚期的詩作，雖融入宗教、歷史等各種主題，仍然不失整體的深沉渾厚。

步：你曾提到北島，認為他出國後才寫出真正成熟的作品?

平：我當面問過他對此的看法?他笑而不答。我認為，從純文學的角度看，北島七、八十年代最有名作品也不過爾爾，至少以當時臺灣的詩歌水準為標杆，情況確實如此。〈回答〉如此，其它的朦朧詩人，包括多多和更早的食指，時代價值與局限並存，我們現在應該看得很清楚。

步：同樣的事情臺灣好像也發生過。我最近讀到唐諾、朱天心的訪談，中間提到臺灣鄉土文學的地位和圍繞它所進行的論戰。強力的意識形態會令文學荒蕪，任何時代都呼喚著個人心靈，和反映人類精神的獨特聲音——啊，這個話題太大了，也扯遠了，還是回到個人風格和修改吧。早熟如藍波流星一般燃燒劃過；顧城和海子，（或許還有你激賞的戈麥）從始至終都是一種風格，儘管是徹頭徹尾的天才的風格。也有如杜甫、葉慈、聶魯達一類的詩人，不斷開拓和豐富詩歌的疆域。《文殊師利問菩提經》有云：

「初發心如月新生；行道心如月五日；不退轉心如月十日；一生補處心如月十四日；如來智慧如月十五日。」

這應該每個成熟的詩人理想的創作軌跡吧。你的詩集《空山靈雨》前後歷經四版，跨越二十四年，這中間經歷了哪些修改？

平：每一版都較前一版刪去了三四分之一，然後又添加新的內容。所以每一版我都視為「新版」。最明顯的是像第三版十一首的〈閱讀莊子〉，在第四版我全都拿掉了。這裡除了單純的不滿意，也盼自己能夠擴展「新古典風格」的領域。這似乎可視為全書是有機的。雖說，拿掉的詩並非都不喜歡。

步：這其中想必貫穿了你對新古典的不懈探求。

平：我將這種新古典當作一種我所喜歡、所追求、所陶醉的「中國風」。是一種沉浸在古人的美好生活，可呼吸可感受的精神體驗，並通過這種體驗將歷史化為個人的風景……再加上唸北大哲學系的父親，他的學人氣質和「五四」背景，我不喜歡都不可能……

說到鄉土文學，我這裏還有一點補充。台灣的「鄉土文學」，無論是作品或論戰，都不僅僅出於「意識形態」，雖有其部分與政治相關，也是發展下的一個自然趨勢。政治掛帥的作品固然令人作嘔的多，但不是也沒好的作品。當時的「鄉土文學」也是如此，於今觀之，無論題材為何，通過歷史的洗刷沉澱，能留給我們的，還是那些具有文學性的佳作。換言之，和早期的白話詩不同之處在於，一個是文體已近乎成熟，一個還在摸索……當然，一百年過去了，我知道時到今日還有人懷疑「新詩」是否成熟了？在此，我可以很肯定地說，白話「新詩」成熟了，至少在六七十年代的台灣，便成熟了。像洛夫寫出了《石室之死亡》，而瘂弦的《深淵》，直到今日，都是我眼中的經典。一種文體若創作出了經典，怎麼說都該算是成熟了。

步：除了「新古典語言」之外，我還感受到了以《我孤伶地站在世界邊緣》為代表的後現代語言。正如杭州學者龍彼得在詩集序言裡所論及的「粗獷，繚亂，模糊」的表達。這兩者間似乎存在某種理不清的糾結，比如說在粗糲的表達裡加入「天地悠悠」一類的成語，我總是覺得和整體語境多少有些阻礙，感覺怪怪的。

平：是嗎？若非你和彼得兄提出來，我倒真不覺得。成語的引入是因為漢語言的特殊性，具有超時空的特點，我認為完全可嵌入私密寫作。這不僅僅是新古典語言和其它後現代或日常用語間的切換問題，從更深層面，如我近年出版的《記憶紋身》一書中提到的，個中更涉及從「文字詩人」到「生活詩人」的轉變。也就是說，詩成為生活的一部分，可以更自由的感受和表達，詩的範圍可以更寬廣——像我早期的作品還有文白之分，也許兩者合一能展現出更寬闊高邁的境界吧。我想說的是，透過這種追索方式，以期達到融合各類型詩風和語言，容納如口語詩，意象詩，長短詩等等。

步：我的意思是，這些成語自身蘊含豐富的獨有的語境和內涵，很容易使現代主題和表達失去重力或偏離既有的軌道。打個比方，就彷彿是體積小而高密度的天體，中子星或者黑洞，它巨大的引力會扭曲或徹底改變所在時空的狀態，吞噬其它星體的光芒。「天地悠悠」這個詞而言，它所承載的歷史感和抒情氛圍，可在瞬間將詩歌籠罩在古典的情懷之中，彷彿陳子昂獨立在幽州台下；但這種彌漫的統禦性的語境同時也會抵消某種粗礪，尤其反叛或批評精神的作品——比如你的〈被死亡籠罩的城市〉無疑是首好詩，其憂傷的氣質似乎就與這種新古典的語言風格有關，但與死亡相關的痛楚的意味則顯得不足。我想若用《我孤伶的站在世界邊緣》那一類的的語言，可能會更深刻地表達死亡籠罩的種種狀態吧。

平：你說的或許有理。我們今天談論的主題既然是作品修改，我要強調的是：對於一首詩，可以修改它的意象、個別字句甚至整個段落，卻很難改變它的語言風格。引用你〈千萬次的化蝶〉一詩中的比喻：寫詩和戀愛的過程就如同一次夢中飛行，落下時詩人會將回到地面的宇航員一樣「雙腳有些虛弱」。修改以前的作品需要重新回到天上。

主題二：感官聲色

步：好吧，感謝你，感謝主。當然，這些都是皮相之談了。現談談你的這首詩〈偶爾：感官經驗〉：

偶爾思維也會破繭而出
隨著落葉翻牆舞去
街角，黃色跑車慢速轉來
一股溫暖氣息，如新出爐的法國麵包
混合著淡淡薄荷香：兩排水銀燈
聲樂般亮起
一整條金木樨花的街景

有一刻整個城市都彷彿全面
凍結。
一隻黑鳥
一頭芬蘭犬
和一名白髮老婦
慢拍子的交相消失在
暗紅與深藍的櫥窗前——蟄伏已久的意識

漸漸悲愴的加速
流動　激盪：在這小小的繭中

你自己如何評價這首詩？

平：這是一首純詩。我雖然寫的不多，但純詩一直是令我著迷的一種詩體——最焦點的意象，簡潔優美的語言，取悅於感官的非敘述性的書寫……還有思想上的維度。純詩往往會引向某種哲理，或者禪意，如王維的一些詩。

步：我寧願把你這首詩解讀為一首微妙的抒情詩。用新現象學的框架解讀，我能讀到詩人質樸的感受，克制的宣洩，感官所及全部結於意象而非實景的描摹。街道、風景、人物和動物所關涉的此在和彼在，以及它們共同推動的經驗的多重境況，都在短小的篇幅內明晰地表達。而生動交織的感官圖像，又隱約透露出某種恍惚的遭際，心靈在表面的秩序中沉醉迷茫，同時經受著內在的衝突，在加速度和漩渦中掙紮，搖搖欲墜。毫無疑問，你這裡的語言是自然精緻的，表達也相當委婉。

平：你說的真好。比我說的都好。

步：不僅如此，結尾部分小小的「情緒的震顫」，通過空間的轉換和重新焦距，又以細膩而決然的方式將感官拉回到經驗世界的初始狀態。這個過程中，城市和發生在人群中的事件——引用施密茨（Hermann Schmitz）的比喻，像浮雕一樣凸現，像「燭光從不可說的豐富的混沌中顯現」，旋即又歸於混沌。

平：我在你收藏的朱良志《南畫十六觀》一書中石濤那一章，也讀到類似的思想。所謂辟混沌的說法，將藝術創造的過程形容為「混沌裡放出光明」，這不是很迷人嗎？

步：這「辟混沌手」所從事的創造由「性」轉出，從生命的根源出汲取力量，一如詩人從最原始的感官經驗中汲取靈感。創造的生命衝動，覺性中真理的瑩然呈現，與施密茨所謂「情緒的震顫」不謀而合。我認為你的這首詩充滿詩情畫意。如果施密茨關於文學詩意性的定義是可信的，可以作為這首詩的標注：「（一個）文學文本如果十分簡約而細心地解釋某種情境中用語言表達的事態、程式和問題，在情境委婉地從局部顯露個性，進而突出這些所傳達的事態、程式和問題，並在混沌多樣的整體性中不斷透射出閃光，那麼，這個文本是詩意的」。

平：我認為他的說法很精到。

步：詩意之外，我對這首小詩也有一些看法，在此與你探討。

平：願聞其詳。

步：好吧。「新出爐的法國麵包」是怎樣絕妙的通感！既有黃色跑車的形象，又散發著傍晚街道所特有的溫暖氣息，也許是臺北這樣的亞熱帶城市才有的氣息；薄荷的一縷縷清香中泛起的水銀燈和點亮的街景又將感官引向期待和沉醉的夜晚，讀之使人如沐春風，十分舒坦！

平：我現在似乎就能聞到那種香息呢。

步：但也有一個疑問：我覺得「聲樂般亮起」這一形容較抽象，與整首詩中閃爍的精彩具象相對較弱。

平：我倒很喜歡「聲樂般」這個形容。

步：我是說，能不能將「聲樂」這個意象具體化。我覺得對音樂的感受最好付諸意象，像波德萊爾的「音樂」一詩劈頭就說「音樂是聲音的海洋」，然後有星辰、晨霧，篷帆，以及聲音之海上的種種風景；裡爾克將音樂比作「雕像的呼吸」、「聽得見的風景」、「陌生人」。當然，這種感覺可以無限擴展開去，千差萬別，可以平靜舒緩，也可以如湯瑪斯曼（Thomas Mann）筆下《浮士德博士》所描繪的盲目和瘋狂的一面。問題在於，當感官處於絕對警醒和靈敏的狀態時，「聲樂」似乎也應有它具體而生動的面貌，而不是模糊的輪廓、棱角。

平：就如同混沌放出光明。這裡「聲樂」只是一個小小的譬喻，作為水銀燈動態的延伸。

步：水銀燈——聲樂。人聲？樂聲？或兩者的交響？或者彷彿那水銀燈「隨」著樂聲亮起？我猜想這細微的感受是與此刻的心靈息息相關的。這讓我想起蒙特萊（Eugenio Montale）的名詩〈英國圓號〉的結尾：

風啊，
今晚請你也把
我的心
這不和諧的樂器的
絲弦撥動

這裡的樂器看似是抽象的，實際是具體的，直抵動盪不安的心靈，它的掙扎和渴望，是心的縮影。那麼，這傍晚的「聲樂」對應的是怎樣的心靈，城市中的人們怎樣的心緒呢？由什麼樣樂器發散出來的呢？我對樂器不在行，但也知道著名的

「瓦爾克」樂器所彈奏出的古老莊嚴的巴羅克音樂，一種沒有高把位和揉弦的巴哈之音。這裡應該是什麼樣的聲音呢？

平：如果是巴哈之音，定會引起宗教和人世的多重聯想。你的建議很好。我對音樂並不在行。我想，這當是你高明的地方，意味著你對更深意象的追求。我猜想如果是音樂家，他的感覺和表達會很不同吧。

步：他頭腦中或許已生出了穩穩的調性：一首溫暖的D大調卡農，詼諧中略帶寂寞的F小調幻想曲，一首關於黃昏的古老民歌，或者類似於在臺灣廣為流行的「晚安曲」？當然，這種調性、和絃及其附屬的色彩理論在現代音樂中早已被顛覆，就如同德布西（Debussy）和拉威爾（Ravel）類似印象主義作品中所表現出的瞬間的朦朧閃爍和光影持續的流動性。這中間聲音和色彩達到高度的藝術統一。我猜想在一定程度上，什麼樣的音樂就有什麼樣的街景。我生在天津的一個小城，記憶中七〇年代每到傍晚街道上就會響起「國際歌」的音樂，八〇年代則回蕩著「烏蘇裡船歌」。直到現在，每當聽到這些旋律，頭腦中還會浮現出那些點亮的街燈、人們的身影，暮色中駛來的紅白色公車。

平：很有趣。關於「晚安曲」的這些聯想，的確如此；但問題也出在這裡，你的七〇年代並非我的七〇年代，你所感受到的羅大佑就像我對「一無所有」的崔健，會有部分的交疊，也會因不同地域時空，而生出全然迥異的感應。若就作品而言，這亦是一種考驗。

步：這全然迴異的感應裡當然瀰漫著時代的呼吸，不論對於作者還是讀者。同樣的情況在第二段：「慢拍子的相交消失在……」。如果我的理解正確，這一段描寫了緊張衝撞前的一種「凍結」或寂靜的狀態，由場景中串聯的三個元素——鳥、犬和老婦——浮現，延續，然後戲劇性地打破。

平：我自己對芬蘭犬的意象並不滿意。我記得當時糾結了很久，其實我更多是喜歡它的名字，一種異國情調。

步：我對芬蘭犬沒有觀念，雖然我生活的周圍有許多狗。資料顯示這種工作犬有特有的體型和若干種顏色，以黑白色為主。是否會像剛出爐的麵包或黃昏的街燈那樣能夠喚起即刻的主觀感受，值得商榷。當然也可以恰巧是芬蘭犬，恰巧是黑鳥或者白髮老婦，但是三者間應體現某種韻律或秩序從而取悅於感官。因為感官和心靈此刻處於高度清醒和專註的狀態，刻意人工的安排會或多或少便謀殺了詩意。我無法在頭腦中，即刻對這三者生出鮮明的印象；這或許是我個人的局限。但從另一角度，作為一首訴諸感官的小詩，似乎不應要求讀者投入巨大的想像來還原詩中的場景——這些場景應該隨著閱讀自然呈現出來的。

平：你說的不錯，一首好詩，雖出自想像和感覺，最終還需要以自然的方式呈現——當然，也有若干好詩，追求形式上的刻意，並不自然。但好就是好。

步：我對慢拍子的意象也有所懷疑。你經常質疑我學院派的傾向，但你這個用法是不是也相當的學院派呢？

平：慢拍子在臺灣是很普通的說法。

步：我試著對這首詩整體地閱讀，而非局限於邊邊角角。慢拍子可能適合你的語言氛圍，似乎也很微妙。我只是覺得，你的另一首詩，〈雲的心情〉中形容「壯美濃烈的落日」「那慢動作的殉美儀式啊」，同樣的意象則顯得那麼貼切和渾然。我知道這首詩中是要營造一種從緩慢悠然的狀態到不可言說的衝撞之境的轉變，從蟄伏到發生再到蟄伏的微妙過程，當然需要極敏的感受和高超的技巧……因為這種暗中轉換不可避免地要穿越靜止或寂靜，而感官則處於十分沉靜而警醒的狀態。只有在這種狀態中才會聽到離別的戀人在「張量著寂靜」走來（巴斯特納克，〈屋子裡不會再有人來了〉），或者看到馬丁遜的時間之犁那有力而詩意的耕耘：

在秋日稻禾割後的金黃殘株中，
鐵犁分挖出黝黑的條紋，
把狹長的早晨擴散成長方形的白日，
再不斷地擴散直至白日溶入黃昏，
把黃昏的暗黑帶進夜晚。

平：你說的無疑都是神來之筆。對寂靜的感受和想像可以無限拓展，豐富多姿。每首好詩都可以有它特定的意象、節奏和韻律。

步：是這樣。正因為如此，我懷疑「慢動作」是否會有其它的表述方式？無論如何，你這首感官的詩，尤其第一段，有微妙的色彩呈現，一種暖色調的豐富紋理，其中包含了落葉、跑車、嗅感強烈的新鮮麵包。中間又經過短暫的薄荷和水銀燈相對清冷色調的對比，躍然上升至更深更輝煌的色彩，一種彌漫著夏季特有的熱情和夢幻的金黃。而黃色具有一種特質，它可以越升越高，伴隨著音樂聲完成情感的某種昇華。讀這一段，我有一種非常全息的感官享受。很好奇這情景發生的具體地點和你當初的狀態。

平：此詩寫於一九八九，時隔近三十年，我已記不清了；高興的是，透過書寫，凝定霎那，生命的拼圖又多了一片。

步：此外，我發現你對色彩的運用很用力，對色彩的感覺很敏銳。比如你描寫夏日海灘的詩句「呃，芬芳的水藍色之夢，／長髮是永遠的浪漫」（〈長髮是永遠的浪漫〉）便非常精彩，雖然水藍色並不是個常用詞；在〈上帝不寫劇本〉裡，你反復使用了綠色，「春天綠得令人憂傷……夏天……秋天……冬天……綠得令人憂傷」，也十分有力；其它的如「天橋下墨綠色的濕冷」（〈寒蟬淒切〉），「黑藍星圖下的大地／宛若散戲後的舞臺」（〈不曾發生〉）等也相當有質感。你早期的一首詩中有「天空泛著蒼白病容」的描述，讓人聯想起艾略特的〈荒原〉……

平：你戳到了我的痛處，哈哈。

步：艾略特自己也承認，偉大的詩人只偷不借。我讚賞你的行為。但是你〈光之傾斜〉一詩中，「憂傷的橙紅落日下」這一形容似乎有商榷的地方。

平：請說？

步：「橙紅落日」與憂傷之間有必然回應嗎？「橙紅」這個詞很少用到啊。我承認個人對色彩有及其豐富的感受，遠不是色彩心理學所能概括。所謂「牛頓命令繆斯」在藝術創作中是不合時宜的。

平：我倒覺得這是天才或藝術家的特權。顏色有它的多重性和歧義性。這種感受常常在語言之外，如禪宗的頓悟不可敘說。有時還會在時空超越的情景中發生作用：「水色淡碧見底」——或用我自己的〈涼風起自天末〉中的一句作比——這裡一束光透過空闊的水底，透過顏色，再移到榻榻米，好像白日也被延長了。現在看來，寫〈光之傾斜〉的時候，我最初的印象比我領悟的要多。

步：這種「橙紅的光」在法國畫家愛德華・科爾特斯（Edouard Cortes）的巴黎街景中是最迷人的元素，有時是天邊的一抹落霞，有時是長街剛剛亮起的櫥窗，有時是籠罩著樹枝和電車頂的暮靄。我在 youtube 上看見有人將這些畫作為薩蒂（Erik Satie）鋼琴曲《裸體歌舞》（Gymnopédies）的配畫。這種搭配勾起大量的懷舊留言——引用薩蒂本人的話，對「幾百年和一剎那」的感歎。但是我懷疑這只是後世人們的附會吧。對畫家而言，他只是如實描繪了眼前的實景。他也許會嚮往、會沉醉，當然也可能憂傷。同樣的橙紅色，還有透納（J.M.W. Turner）的名作〈光與色（歌德理論）——洪水滅世後的清晨〉中呈現的令人戰慄的漩渦和光芒。這裡彌漫畫框的橙紅蘊含了多種象徵和情緒。

科爾特斯：巴黎黃昏的街景

平：這些象徵和情緒對於今天的觀者依然是不可言說的豐富。

步：歌德認為顏色可以有無限多的變化，透納認可這一理論並運用於自己的繪畫中。對色彩的運用，畫家當然有先天之利，但是詩人自有他的掌控力，他可以不受繪畫有關的諸多技術性的限制——構圖、透視、色相、明暗、純度、冷暖，色彩間的調和、均衡、節奏，等等。詩人是可以透過一顆露水而反映出整個宇宙的。他可以說，「在青草的網羅，有一種不為人知的柔弱」（馬丁遜語），也可以說：「淚眼看花花不語，亂紅飛過秋千去」，將眼前之物直接納入心靈的維度。對畫家而言，一層層的敷設顏料可能是繁重的勞作，詩人則可以舉重若輕，用想像力將畫面空間填滿。

平：或者在想像的畫面留下空白。

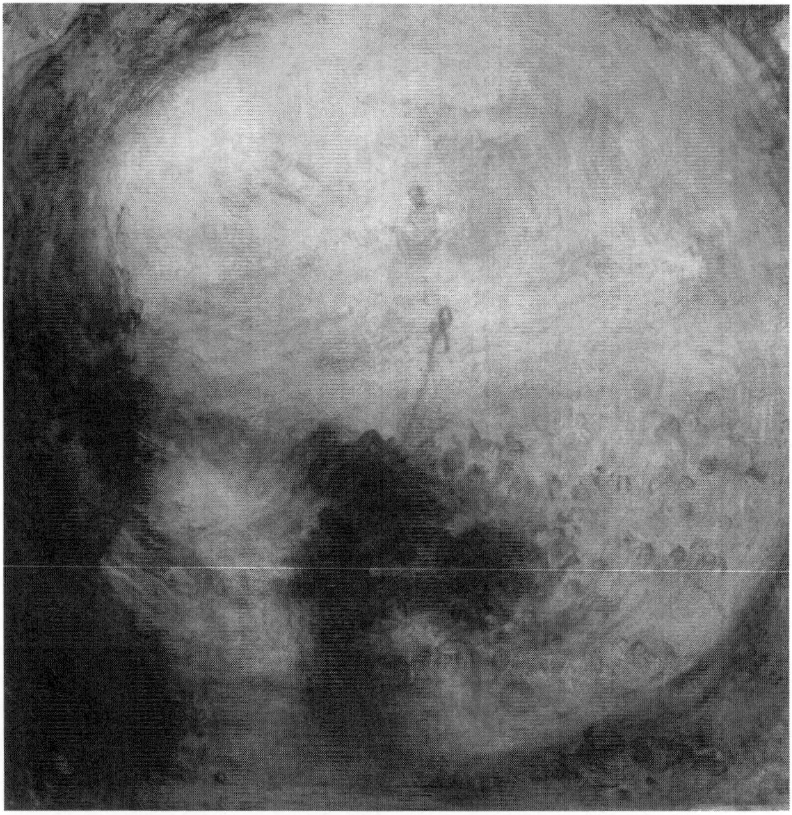

透納：光與色——洪水滅世後的清晨

主題三：結尾及替代性寫作

步：不錯。在〈偶爾：感官經驗〉一詩中，我也感受到一種想像的自由，和微妙的控制。第二節「這一刻整個城市都彷彿全面凍結」，金黃的畫面彷彿被急劇拉遠，成為不可言說的寂靜籠罩的一個局部，夜幕降臨，從車流的混沌中凸現的詩意元素——鳥、犬和老人——緩緩而堅定地進入廣大和更加深微的情景內部。這時，意識——或者說潛意識——甦醒了，墜入更深的夢境。我願意把整個夢境想像為成米羅（**Joan Miró**）的一幅畫，類似於面臨深藍夢境的舞者。

平：用米羅的畫來形容此詩，的確是很生動有趣的比喻。

米羅：舞者 II

步：但是我也覺得，當你試圖將這些意象逐一配上顏色的時候，也恰巧碰觸到了詩歌的短處。我不確定「暗紅與深藍」這種色彩的組合是否精當，或者說，是否限制了感官的範圍：顏色之外，那櫥窗的形狀、裝飾、陰影、甚至溫度，在從蟄伏到顯現的「決定性的時刻」更容易被感官所捕捉呢？還有那亦步亦趨的三個意象，它們之間的關聯……這裡，我感覺到你作為創作者的掙扎。

平：的確如此。

步：我覺得很多情況下顏色應該是隱含的、暗示性。泰戈爾的詩中幾乎沒有色彩描寫，身為畫家的布雷克（**William Blake**）色彩的運用也十分精簡。我還讀過畢卡索的一首早期詩作，其中有大量詳細的顏色描寫，給人的感覺像是一則顏色使用說明。這很值得深究。布羅斯基的〈黑馬〉一詩中對黑的描述運用了大量通感和強烈反差，比如夜的穹窿、針的內部，比如篝火、暗伏的黎明，「雙眼白光一閃」，這些都是有顏色的細節。現代西方詩人中狄倫・湯瑪斯（Dylan Thomas）、史蒂文斯（Wallace Stevens）、伊凡・戈爾（Ivan Goll）的詩作中都有精彩的體現。我個人將這種規律或技法叫作「質大於色」。意象本身大於附屬於意象的種種色相。比如歌德的〈野玫瑰〉是荒地上的玫瑰、紅玫瑰、盛開的玫瑰、被少年想念而主動拒絕的玫瑰、喊叫的玫瑰，這些都是作為被強力損害的玫瑰這一象徵的色相或特質。我在聞一多的〈死水〉裡也讀到了同樣堪稱經典的意象和象徵。

平：以物代色，「質大於色」，在中國古典詩詞也有廣泛的運用，比如〈敕勒歌〉中「天蒼蒼野茫茫」所顯示的粗獷的丹青色塊便是一例。

步：或者如「月落烏啼霜滿天」裡那種彌漫的類似點彩畫法的氛圍，或者李賀詩中的各種指代所凸顯的瑰麗而濃密的色彩。古典詩詞中的色彩雖多為單色或疊音，感官效果十分強烈。王維的「荊溪白石出，天寒紅葉稀」（〈山中〉），兩種色彩如同五度音階上閃爍的音符，既清晰突兀，又給人以迷離恍惚之感。

平：這部分有賴於意象或時空的並置。律詩講究對仗，為色彩提供的空間有限。如前所述，宋詞中對於色彩的描繪顯然達到一個高潮，香濃旖豔，肥美多汁……

步：「詞之情文節奏，並皆有餘於詩」，箇中自有它的道理。對色彩的運用，中國現代詩歌吸取了古典和西方詩歌的多元影響。比如戴望舒的〈雨巷〉，整首詩中沒有一個色彩的形容詞，卻從始至終籠罩著江南的雨水和物體的微光。濛濛細雨，（黃色）油紙傘，雨中丁香（紫色或是白色？）那姑娘充滿仇怨的眼睛，又是什麼顏色呢？是怎樣如魏爾倫（**Paul Verlain**）所形容的「幕布後的眼睛」呢？回到「質大於色」的命題，音樂繪畫兼優的勛伯格（**Arnold Schoenberg**）有句名言：「我從未有見人臉，因為我只直視人們的眼睛，只看見了目光。」這目光當然代表生命乃至藝術的本質，是內在精神的閃光，超越了一切色相，具有直達內心的力量。

平：當代詩歌亦不乏類似例子，如北島的「路啊路，鋪滿紅罌粟」，便充滿了強烈的象徵意味；顧城的小詩〈感覺〉中：「在一片死灰中／走過兩個孩子／一個鮮紅／一個淡綠」則是明顯的意象派。

步：海子很少使用色彩，而更多通過意象和節奏達到梵谷和荷德林那種精神力量。或者說，他吟詠的景物、廣闊的外部世界自始至終都籠罩著個體濃烈的情感色彩：春暖花開時的大海，浸滿淚水的草原，飛過橋樑的受傷的天鵝，雨中一座孤城……無論如何，對色彩的把握需要敏銳的感官和極高的技巧，常常暗藏危險。我在這首〈偶爾：感官經驗〉中看到了這個危險。問題是，如此美妙的詩篇，一點小小的缺陷都可能被無限地放大，對追求完美的詩人是不能接受的。

平：哈哈，尤其是你這樣的讀者。三十二面鑽石中難免有不完美的一面。我以為「戴著腳鐐舞蹈」終究是危險的。

步：在一定的框架內——作者的語言、思維模式、所處的年代，等等——這種不完美常常難以不可克服；而在更寬廣的框架內，文本存在多種可能性，從而彌補這種缺陷。就個人而言，突破自身的局限非常之難。但也是完全不可能。如此這首詩的結尾，本身也包含其它的寫法。

平：你說。

步：所謂的情景多樣性。這首詩中多種意象依次呈現，似乎要在結尾處全面展開，卻陡然收束於一個封閉狹小的空間內，如同經歷了思想或情感的風貌，令人遐想。驟然降臨的寂靜中，時間好像凝固了，於是思想開始重塑感官與世界的關係，暗示出兩者間的疏離和相互依存。從聲音和意象的角度，整首詩像是一支小小的迴旋曲，實現了從語言呈現到再現、從暗喻向象徵的飛躍，既真實又虛幻，散發出神秘的氣息。這種神秘有一種「觸即碎，潭下月；拭不滅，玉升煙」的氣質；按照亞裡斯多德說法，是模擬現實的最短的路徑。在我看來，也無疑成就了作為詩人的最好的楊平。

平：謝謝你。其實這也是詩歌中很普通的手法。所謂圓轉，錢鍾書《談藝錄》〈說圓〉一篇中，便有很多精闢的引用和論述。

步：結尾一句空間的轉換蘊含某種驚心動魄的力量，讓我想起里爾克。我知道你迷戀過里爾克的詩歌，在空間的詩意呈現方面是否也受他的影響呢？比如他的名篇〈預感〉中，心靈之眼看見被遼闊的空間包裹的旗，感到寂靜中潛伏的風暴，心靈隨之震顫，渴望投身其中；〈古阿波羅殘像〉一詩中，悠遠的哲思從眼前的殘片瞬間跨越千年，將自我的邊界拓展到遼闊的星空。在〈偶爾：感官經驗〉的結尾，具象的世界被急劇拉遠，彷彿所有感官中的事物，各種衝撞和加速度，被瞬間壓縮在思維之殼中而陷入靜寂。這一從裡到外的方向與里爾克〈豹〉中的寂靜正好相反：

只有時眼簾無聲地撩起——

於是有一幅圖像侵入，
通過四肢緊張的靜寂——
在心中化為烏有。

這裡世界的魅影——外物——侵入瞳孔，頃刻消匿於無形。塔德・休斯（Ted Hughes）〈沙灘上的烏鴉〉一詩似乎也遵循著相同的方向。大海作為巨大的未解之謎，進入烏鴉的頭腦而引發痛苦的疑問：「它（烏鴉）知道自己這個聆聽者／沒人要它領悟或提供幫助——／它的小小的頭顱裡最深的溝隙／剛好可以疑惑，那關於大海的……／是什麼令大海如此疼痛？」當然，現有的結尾可能更生動。無論如何，這首趣味盎然的小詩為閱讀提供了多種可能性。

平：你舉的例子都很有趣。詩意的視角和時空的轉換常常引向深刻的發現或啟示。我注意到你的詩中也有不少類似的運用，比如〈愛情，最初的愛情……〉結尾時琴聲的嘎然中斷，將痛失愛情的悲哀和難抑的嚮往驟然推向一個全新的高度，讓人迷茫，令人感歎。

步：每首好詩都需要這樣的多重視角，或者說，不確定性。就你的這首詩，情境中透露出的思緒、情感和想像既在詞語中，又在詞語的背後。我這麼粗暴地一一拆解無異於毀了這首詩，它獨特的表達、秩序和整體性。

平：完全瞭解。你的解讀和建議值得深思，人生不短，歲月很長，容我慢慢思考的。

後記

——夏日的輕交響

楊 平

多年來，久居臺北湖濱，已習於閑散的慢板生活，二〇一七的八九月之交，無預警收到詩友攸步e來的兩首小詩，其一為：

平湖野老聞高臥，且歌且行自家山；
敢教尋幽拋竹杖，攜風掣影白雲間。

並附圖數幅，乃桉林幽谷，溪橋楓葉，白帆紅石等，玩味沉吟之際，不禁莞爾：平者，平也；幽者，攸也。莫非邀我一起探幽訪勝？

想我於二〇〇五年初識攸步。那時正代表「臺北國際藝術村」，以「駐市作家」名義赴澳采風。臨行前得知同年「聯合報」新詩首獎得主恰在雪梨。輾轉聯絡，如此這般的與其結識……生命中每有超乎意料的緣法，此其一也。

後來彼此互通往來，詩緣不斷，到二〇一五，更與老詩人黃翔雙雙前往——念轉至此，心中一動，未及一星期，果得其邀我去澳小住的訊息。到十一月中旬，安排好家務，我便輕箱簡裝的來到雪梨。

雖謂漫遊，令人驚喜的卻是，相見歡中，漸漸浮出一個意料外的構想：合作出版詩集——此刻回想，雖非王徽之的「雪夜訪戴」，也頗有古人不期而遇的快感與瀟灑。

也因如此，在一個月的相處中，各自挑出較滿意的三十首——先是仔細篩選，再經深淺不同的改寫（有經驗的創作者都知道，改寫往往比「原創」更難！）……一路探討過來，點滴微妙處，遠超乎原先的單純認知。

另不同於一般「自選集」的，則為加上了一份對話式的評論——這也是我們最重視的一個環結：透過方方面面，表達出作者的深層創作過程，既要顯現個人風格，性情，見識，更加重了文本的內在質量，乃至兩岸詩人間，使用的文字、敍述、對同樣事物的廻異觀點——這一切的一切，只為給自己和繆思一個真誠的交代。

南半球的十二月不同於亞熱帶，值夏，在攸步安排下，每日上午九十點起交流，相互毫不保留的提出自身見解，引發大小激盪，而若干點子，不僅出自「燒腦」時間，也包括了每夜的飯後散步，出門搭車，有時前往其他城鎮開會，也藉機感受吸收……因這一次次的溝通，對作品的選擇，內容的充實，乃至全書的設計，都有了更高要求，如他提出的整體「氣韻」，和我建議在返台後，做進一步梳理修正等等，都是。

時光悠悠，不覺間已近歸期，臨行之際，我與攸步前往一處，距其居所不過數里的山水港灣，登臨漫走之際，四顧風景靜好，正如其詩所詠，白雲深處是清幽，我忍不住說：此地雖非五柳先生筆下的桃花源，亦是紅塵邊緣的好去處。言罷，彼此會心一笑。

此刻，面對一部書的完成，很高興這裡的字字句句是詩，而留下或深或淺的生活足跡，亦是詩。

最後，在此向編輯此書的彭小姐，和為此書題字的書法家好友李峰兄，封面設計好友陳尚平兄，與封面繪圖吾兒楊宇光，一併在此致上謝意。

楊　平　於台北內湖樓外樓

二〇一八年二月